Elemente der Ausbildung

ELEMENTE DER AUSBILDUNG

Leitfaden für den Bereiter junger Pferde

von

K. A. von Ziegner

CADMOS
PFERDEBÜCHER

Der Autor:
Kurd Albrecht von Ziegner, Jahrgang 1918, war Kavallerieoffizier im zweiten Weltkrieg. Nach Kriegsgefangenschaft wurde er als erfolgreicher Ausbilder bekannt. Er und seine Tübinger Reiter ritten erfolgreich in Süddeutschland sowie in der Schweiz, in Berlin und in Aachen. Als staatlich geprüfter Reitlehrer erhielt er 1954 für seine Erfolge im Springen und in der Dressur das Deutsche Reiterabzeichen in Gold.
Die weltbekannte Reitlehre von W. Müseler wurde von ihm mehrfach überarbeitet und neu herausgebracht. Er wirkte auch mit bei der Erarbeitung der RICHTLINIEN FÜR REITEN UND FAHREN der Deutschen FN, die noch heute Gültigkeit haben.
1956 stellte sich K. A. von Ziegner der neu aufzustellenden Bundeswehr zur Verfügung, wo er im Laufe der Jahre mehrere Kommandeursstellen innehatte. Eine dreijährige Tätigkeit als Chefreitlehrer an der Türkischen Kavallerieschule in Istanbul wurde mit hohen Auszeichnungen von der Türkischen Armee und von der Bundesrepublik Deutschland gewürdigt.
Seit 1976 widmet sich der Autor fast ausschließlich der Reiterei. Zehn Jahre wirkte er als Vorsitzender der Fachgruppe Military im Deutschen Reiter- und Fahrverband. Seine Reitschule in Mechtersen bei Lüneburg genießt internationales Ansehen. Bis heute verbringt er zweimal mehrere Wochen in den USA, wo er intensiv auf dem Gebiet der Dressur als Ausbilder tätig ist. Sein Konzept vom „Trainings Tree“ hat seinen Niederschlag im FN-Dressage Manual der Vereinigten Staaten von Amerika gefunden.

Titel der Originalausgabe:
von Ziegner, The Basics

Aus dem Englischen von Dorothea Heaton

Für die deutsche Ausgabe:

Umschlag: Ravenstein Brain Pool
mit einem Foto von Bruno Baumann
Druck: Grindeldruck, Hamburg

Printed in Germany

ISBN 3-86127-322-5

INHALT

Für meine Freunde in den Vereinigten Staaten, die mich zu diesem Buch inspirierten.
Für meine Frau Elisabeth, die geduldig meine zweimalige Abwesenheit pro Jahr ertrug.
Für meine Kinder und Enkel, auf die ich stolz bin.

VORWORT

Ich kenne Oberst K. Albrecht von Ziegner erst seit jenem Zeitpunkt, als er eines der *Lehr- und Ausbildungsseminare* besuchte, die jeden Sommer unter der Schirmherrschaft der USDF in Tristan Oaks abgehalten wurden. Als Zuschauer beobachtete er einen ganzen Tag lang die verschiedenen Unterrichtsstunden. Dabei fiel ihm ein noch unerfahrenes Pferd auf, das seinem Reiter einige Schwierigkeiten bereitete. Oberst von Ziegner bat gegen Ende des Tages, dieses Pferd reiten zu dürfen. Er erhielt dazu die Erlaubnis, stieg auf und ritt im Schritt mit weicher Zügelverbindung an. Das Pferd entspannte sich und begann, auf die Hilfen zu reagieren. Auch im Trab war das Ganze sehr schön anzusehen. Dies weckte in mir den Wunsch, möglichst mehr über diesen Reiter zu erfahren. In der darauffolgenden langen Unterhaltung erfuhr ich, daß wir sehr ähnliche Auffassungen über die Ausbildung von Pferden hatten. Besonders beeindruckt haben mich seine klassischen Methoden und sein Gefühl für das Pferd.

In den Jahren nach unserer ersten Begegnung traf ich Oberst von Ziegner jedesmal in Unterrichtssituationen wieder. Seine Vorgehensweise bei der Lösung von Reiterproblemen war äußerst erfolgreich für Pferd und Reiter, beide profitierten davon gleichermaßen. Es war eine Freude zu sehen, mit welcher Leichtigkeit seine Korrekturen umgesetzt werden konnten. Oberst von Ziegner machte unsere Reiter mit zwei äußerst nützlichen Ausbildungshilfen vertraut. Zum einen zeichnete er das Diagramm eines TRAININGSBAUMS, der schematisch die korrekten Schritte in der Entwicklung des Pferdes sowie die für diesen Lernprozeß benötigte Zeitspanne aufzeigt. Oberst von Ziegner besteht darauf, daß ein korrekt ausgebildetes Pferd in der Lage sein sollte, sowohl schwere als auch leichte Lektionen gleichermaßen gut auszuführen. Zum Zweiten führte er als Prüfstein für diesen Trainingsbaum den sogenannten Prix St. James ein, der vorwiegend dort auf Turnieren geritten wird, wo er als Ausbilder von Pferd und Reiter gewirkt hat.

Ich konnte die Arbeit von Oberst von Ziegner in den Vereinigten Staaten über Jahre hinweg verfolgen und gleichzeitig auch seine Reitphilosophie besser verstehen lernen. Gleichermaßen stieg auch mein Respekt für seine Gabe, seinen Schülern das richtige Verständnis für die korrekte Bedeutung der Dressurausbildung näherzubringen. Mit Hilfe dieses Buches werden seine Ausbildungsmethoden im ganzen Land bekannt, was, wie ich glaube, der Ausbildung unserer Dressurreiter sehr zugute kommt.

Violet Hopkins
Tristan Oaks
White Lake, Michigan

Violet Hopkins ist Mitbegründer der UNITED STATES DRESSAGE FEDERATION (USDF) im Jahre 1973 und Präsident der HOPKINS NATIONAL SEMINARS für Dressurausbilder.

EINLEITUNG

Dieses Buch ist weitgehend eine Übersetzung meines im Jahre 1995 in den USA erschienenen Beitrages „THE BASICS, A Guideline for successful Training".*
Der Grundgedanke hierfür war, der flutartig ansteigenden Zahl von Dressurenthusiasten in Amerika den Weg aufzuzeigen, der eine solide Ausbildung gewährleistet, ohne die Gesundheit des Pferdes zu gefährden.

Das Buch war um so notwendiger geworden, als sich im Laufe der Jahre recht unterschiedliche Auffassungen darüber entwickelt hatten, welche Methode (gemeint sind die verschiedenen Schulen der „alten Welt") wohl die beste sei, um mit geringstem Aufwand möglichst rasch die auf dem Dressurviereck geforderten Lektionen zu erlernen. Dies führte zu Fehlentwicklungen, zu weit verbreiteter Unsicherheit in der Ausbildung und oft zu Zerrbildern, die mit der Dressur in unserem (klassischen) Sinne nichts mehr gemein hatten. Um dieser Entwicklung Einhalt zu gebieten, hatte die USDF (United States Dressage Federation) sich also zu entscheiden, nach welcher Schule in dem großen Land gelehrt und gerichtet werden sollte.

Diese Entscheidung fiel im Jahre 1997 mit der Herausgabe des „United States Dressage Manual", einem sorgfältig herausgebrachten Handbuch, das ganz klar in die gewünschte Richtung weist, die Reinheit der Lehre fordert und künftig Grundlage sein wird für die Ausbildung von Reitlehrern und Richtern in den Vereinigten Staaten von Amerika.

Ein zentraler Teil dieses Handbuches ist der „Training Tree", welcher dem oben erwähnten Fachbuch entnommen ist. Hierzu muß folgendes gesagt werden:

Anfang der fünfziger Jahre wurden bei der Reiterlichen Vereinigung in Warendorf die „Richtlinien für Reiten und Fahren" entwickelt, woran auch ich mitgewirkt habe. Die hierin erstmalig vorgestellte „Scala der Ausbildung", die damals meine volle Zustimmung fand, ist bis heute allgemein kritiklos hingenommen und vielfach veröffentlicht worden.

Inzwischen sind jedoch fast fünfzig Jahre ins Land gegangen, und die in dieser Zeit gemachten Erfahrungen bei der Ausbildung ließen mich mehr und mehr zu der Überzeugung gelangen, daß die „Scala der Ausbildung" neu überdacht und gegebenenfalls erweitert werden muß. Das Ergebnis dieser Überlegungen fand dann seinen Niederschlag bei der Bearbeitung von „THE BASICS", nämlich in Gestalt des „Training Tree", der in vielen Reitanlagen jenseits des Atlantik als Poster aushängt.

In der nun hier vorliegenden Übersetzung wurden diejenigen Teile ausgespart, die speziell für den amerikanischen Leser bestimmt waren. Dennoch soll hier aus der *Introduction* das folgende, sinngemäß übersetzt, wiedergegeben werden:

* Xenophon Press, 1772 Middlehurst Road, Cleveland Heights, Ohio, USA

...Mit diesem Buch soll keinesfalls eine „neue Schule" kreiert werden. Vielmehr soll hier das *Konzept* vorgestellt werden, nach welchem bei der Ausbildung junger Pferde zu verfahren ist. Dieses Konzept soll es dem Ausbilder erleichtern, die Deutsche Reitlehre besser zu verstehen, welche bekanntlich auch keine „neue Schule" ist, sondern ihre Wurzeln in der klassischen Lehre der alten Meister hat. Diese Lehre ist gekennzeichnet durch den systematischen Aufbau der körperlichen und geistigen Fähigkeiten des Pferdes und schafft somit in logischer Folge und schonender Weise die Grundlagen für ein solides Fundament, das die unverzichtbare Voraussetzung ist für jede höhere Leistung, sei es in der Dressur, im Springen oder im Gelände.

Um den Umfang des Buches so gering wie möglich zu halten, habe ich bewußt darauf verzichtet, hinreichend bekannte Ausbildungsfragen zu erörtern, diese sind in der hippologischen Literatur, immer wieder in neuer Aufmachung erscheinend, wahrlich ausreichend behandelt worden.

Worauf es mir ankam, ist, einige in der Literatur noch nicht oder nur unbefriedigend dargestellte Ausbildungshilfen in einfacher Form vorzustellen und vor allem Antworten zu geben auf die folgenden Fragen:

- Welches sind die wesentlichen Elemente der Dressur?
- Wie erarbeite ich diese Elemente?
- In welcher Reihenfolge sollten sie erarbeitet werden?
- Wozu dienen Hufschlagfiguren und Lektionen?
- Wann sind diese zweckmäßig, wann nicht, wann möglicherweise schädlich?
- Wie mache ich Lektionen dem Pferd verständlich?
- Wie gelange ich zur vollständigen Harmonie zwischen Reiter und Pferd?

Nur wenn wir die Antworten kennen, nicht nur theoretisch, sondern vor allem auch aus der eigenen Erfahrung heraus, werden wir bei der Ausbildung von Pferden Freude haben und vor Rückschlägen bewahrt bleiben ...

Mit „THE BASICS" wollte ich aber auch die Reiterkreise in den USA ansprechen, die von „Dressur" gar nichts halten. Die weit verbreitete Vorstellung, daß man hier „in mühevoller Kleinarbeit" Pferde zu Tänzern spezialisiert und dazu Kandare, Frack und Zylinder braucht, hat viele ambitionierte Reiter abgeschreckt. So gibt es das große Lager der Springreiter und daneben das Lager der Dressurreiter, und bei Turnieren trennt man immer noch sorgfältig *Dressage Shows* von *Show Jumpings.*

Nie habe ich das Wort „Classical" so oft mißverstanden interpretiert gehört wie unter Dressurreitern in Übersee.

Wir deutschen Reiter wissen, daß „Dressur" nichts mit „dressieren" (Pudeldressur) zu tun hat, sondern wir verstehen darunter die *Ausbildung* des Pferdes, und zwar die gesamte Ausbildung von der Remonte bis zum S-Pferd (in der Dressur, im Springen oder in der Vielseitigkeit). Daß am Anfang der Ausbildung zunächst eine solide Grundausbildung steht, ist für uns eine Selbstverständlichkeit.

Mit „THE BASICS" sollte der in Amerika weit verbreiteten Voreingenommenheit gegenüber der Dressur begegnet werden, mit dem Ziel, daß man unter Dressur eben auch die *Grundausbildung* (Basic Training) zu verstehen hat, die nun einmal das Fundament für alle Disziplinen ist.

Mit der Übersetzung von „THE BASICS" soll nun einem vielfach geäußerten Wunsch aus deutschen Reiterkreisen entsprochen werden.

Der Verfasser

UNVERÄNDERLICHE GRUNDSÄTZE

„Reiterei hat mehr mit Intelligenz und Gefühl zu tun als mit Muskeln und Kraft."
(Jean Saint-Fort Dillard)

Möchte man ein Haus bauen, so beginnt man sicherlich nicht ohne ein solides Fundament. Die Bedeutung dieses Fundaments für die gesamte Struktur wächst mit jedem weiteren Stockwerk.

Pflanzt man einen Baum, von dem man schöne und gesunde Früchte ernten möchte, so stutzt man ihn während der ersten Jahre zurecht, damit er sich gut entwickeln kann und unseren Ansprüchen gerecht wird.

Dieses Bild sollte man auch bei der Ausbildung eines jungen Pferdes vor Augen haben. Voraussetzung für die lange Gesunderhaltung unserer Pferde ist eine solide Grundlage, die es ihnen ermöglicht, nach Erreichung ihrer Reife erfolgreich im Sport zu gehen.

Hierbei muß man mit Vorsicht vorgehen und die psychischen und physischen Fähigkeiten des Pferdes systematisch und auf natürliche Weise fördern.

Klingt logisch? Schließlich macht es auch keinen Sinn, von einem Zwölfjährigen die gleichen Dinge wie von einem Erwachsenen zu erwarten.

Zunächst sollte man sich vor Augen halten, daß das Pferd schon diverse Entwicklungsphasen hinter sich hat, bevor wir mit der ernsthaften Ausbildung beginnen. Während der ersten sechs Monate seines Lebens war das Fohlen unter der Obhut der Mutterstute, die ihre Aufgabe hervorragend erfüllt hat. Des weiteren hat auch der Züchter sein Bestes getan, um das Fohlen mit dem Menschen vertraut zu machen.

Als nächste Stufe folgt der „Kindergarten". Dem Jährling gilt unsere besondere Aufmerksamkeit, da viele neue Erfahrungen und Herausforderungen auf ihn zukommen, die ihm unter Umständen sogar Schaden zufügen könnten.

Das junge Pferd verbringt die ersten dreieinhalb Jahre unter seinen Altersgenossen. Der Züchter wird sein Möglichstes tun, ein Pferd mit einer ausgezeichneten körperlichen Verfassung herauszubringen.

Er wird das Pferd zunehmend an den Menschen gewöhnen, da er ein rohes Pferd präsentieren möchte, das bereits mit einem Führstrick vertraut und daran gewöhnt ist, angebunden, aufgetrenst, aufgesattelt, longiert und verladen zu werden und das natürlich auch mit dem Hufschmied vertraut ist. Das Pferd ist gesund, hat ein gesundes Selbstbewußtsein und ist für den nächsten Schritt, *die Ausbildung*, bereit.

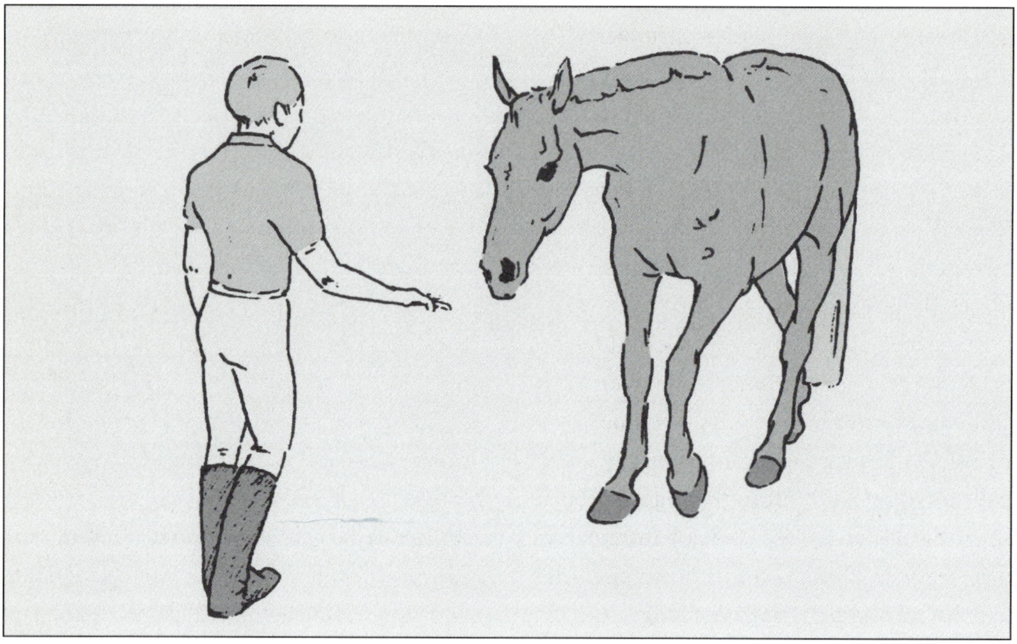

Abb. 1

Nun liegt es an uns, diese Aufgabe in Angriff zu nehmen. Was für ein großartiges Gefühl, was für eine Herausforderung!

Sind wir uns aber auch im klaren, wie wir diese Aufgabe angehen sollen? Damit sollten wir uns zunächst befassen. Sie sind ein Pferdemensch und wissen eine Menge über Pferde. Sie haben schon viele Pferde gesehen, die von guten, nicht ganz so guten und machmal auch schlechten Trainern ausgebildet worden sind. Und Sie möchten ein guter Ausbilder sein.

Ihr Pferd ist ein dreieinhalbjähriger Warmblutwallach. Dies entspricht etwa dem Alter eines zwölfjährigen Jungen, und er wird wahrscheinlich noch bis zu einer Hand breit wachsen. Er mag den Eindruck erwecken, groß, kräftig und zu allem bereit zu sein, seine Knochen, Gelenke und Bänder sind jedoch noch nicht vollständig entwickelt. Falsche Behandlung (wobei die größte Gefahr in falschem Longieren besteht!) kann zu ernsten Schäden führen.

Unter der steten Fürsorge des Menschen entwickelt sich allmählich eine enge Beziehung zwischen dem jungen Pferd und dem Menschen. Es lernt gewisse Verhaltensregeln und außerdem, sich an die neue Umgebung anzupassen. Das Pferd lernt, auf den Klang der Stimme und die Handbewegungen des Menschen zu reagieren. Natürlich lernt es auch, daß der Mensch immer einen Leckerbissen in der Tasche bereit hält. Am Klang der Stimme wird es erkennen, ob es sich dem Menschen nähern soll (die Hand wird ausgestreckt, Abb. 1) oder ob es weggehen soll (die Gerte wird angehoben). Wie oft sieht man Leute wild gestikulierend in die Hände klatschen, um ihren Liebling zum Trab zu bewegen!

Innerhalb relativ kurzer Zeit lernt das Pferd die Autorität des Menschen zu akzeptieren, so wie es früher den Ranghöchsten seiner Herde akzeptierte.

Menschen, die hierfür kein Gefühl haben, wirken auf das Pferd eher verwirrend und werden kaum sein Vertrauen gewinnen können. Hat das Pferd einmal herausgefunden, daß es uns an Kraft (oder Intelligenz?) überlegen ist, wird es dies, wann immer ihm danach zumute ist, auch ausnützen ein ernsthaftes Problem bei der Ausbildung.

Man darf sein Pferd nicht wie einen Schoßhund behandeln oder es vermenschlichen. Behandeln Sie es wie ein Pferd. Studieren Sie seinen Charakter und seine Mentalität. Pferde bleiben immer Pferde; sie denken wie Pferde und sie verhalten sich wie Pferde. Ihre Gemeinschaft ist die Herde und ihre Verteidigung die Flucht. Haben sie Angst oder scheuen vor etwas, so tun sie dies, weil es ihrer Natur entspricht! Verzeihen Sie ihnen, so wie Ihnen die Pferde auch verzeihen werden.

Pferde sind zwar nicht ausgesprochen intelligent, sie sind jedoch auch nicht dumm. Ihre Denkweise entspricht einfach nicht der der Menschen. Ihre Handlungen sind unmittelbar und spontan und nicht das Ergebnis logischer Erwägungen.

Pferde haben einen stark ausgeprägten Instinkt, der außerhalb der menschlichen Vorstellungskraft liegt! So sagt man zum Beispiel, daß sie ein Erdbeben schon Stunden vorher spüren können.

Außerdem haben Pferde ein ausgezeichnetes Gedächtnis. So vergessen sie auch keine furchterregenden Erfahrungen. Dies ist vielleicht auch die Erklärung dafür, warum ein ängstliches, nervöses Pferd sich oftmals nicht so schnell wieder beruhigen läßt, wie man dies gerne hätte. Diesen Aspekt ihres Wesens muß sich der Mensch immer vor Augen halten und in entsprechenden Situationen stets die notwendige Geduld aufbringen.

Pferde erinnern sich jedoch nicht nur an schlechte Erfahrungen, sie vergessen auch die guten Erfahrungen nicht. So wird ein Pferd auch immer zu seinem Stall zurückfinden.

Pferde sind von Natur aus gutmütig. Ungezogenheit ist fast immer die Folge menschlichen Versagens. Ein Pferd gewöhnt sich leicht ein schlechtes Benehmen an, beachtet man nicht konsequent die im Umgang mit Pferden geltenden Regeln.

Das Pferd muß dem Menschen vertrauen. Liebe zu erwarten, wäre unrealistisch. Je besser man sein Pferd versteht - seine Persönlichkeit und seine Probleme - , desto leichter wird es sein, seine Freundschaft und seine Bereitschaft zur Zusammenarbeit zu gewinnen.

Durch das Schaffen von Vertrauen und den Willen zu Leistung muß eher eine Partnerschaft angestrebt werden als eine Beziehung, bei der das Pferd dem Menschen unterwürfig ist. Der Mensch muß dem Pferd gegenüber immer ehrlich und fair sein, darf niemals überreagieren! Man disziplíniere stets zuerst sich selbst, bevor man das Pferd diszipliniert.

Das Pferd soll lernen, auf bestimmte Anweisungen prompt zu reagieren. Das gilt gleichermaßen für den Stall, an der Hand und unter dem Reiter. Positives Reagieren wird belohnt (Stimme), widersetzliches gerügt. Lob und Rüge sind somit die Eckpfeiler der Erziehung.

Diese müssen jedoch „auf dem Fuße" folgen, da das Pferd sonst keinen Zusammenhang sieht und die Maßnahme unverstanden bleibt. Man soll vom Pferd nie mehr fordern, als es in der Lage ist, auch auszuführen; Unsicherheit und Ängstlichkeit wären die Folgen.

Manchmal gewinnt man mehr, indem man ein wenig „zurücksteckt". Hat man jedoch einmal keine andere Wahl, als hartnäckige Widersetzlichkeiten energisch zu brechen so muß man sich absolut sicher sein, die Situation auch meistern zu können. Andernfalls überläßt man dies besser einem geübteren (mutigeren) Reiter.

Man darf nie vergessen, daß das Pferd immer der Stärkere ist. Hat es einmal herausgefunden, daß es sich durch Widersetzlichkeiten der Kontrolle seines Reiters entziehen oder diesen gar in Angst und Schrecken versetzen kann, so ist dessen Autorität dahin. Das Pferd muß überzeugt werden mitzuarbeiten; es muß intuitiv verstehen, was von ihm erwartet wird.

Kurzum, es ist leichter, mit einem Pfund Gehirn umzugehen als mit tausend Pfund Pferdestärken!

Vor Beginn der ernsthaften Ausbildungsarbeit sollte man sich Zeit nehmen, über das gewünschte Ziel und wie dieses erreicht werden kann nachzudenken.

Dieses Ziel ist seit der Zeit des französischen Meisters François Robichon de la Guérinière (1688-1751) unverändert geblieben. Er sagte:

„Das Ziel dieser noblen und nützlichen Kunst besteht allein darin, das Pferd losgelassen, locker, biegsam, willig und gehorsam zu machen - und die Hinterhand zu senken; ohne all dies wird das Pferd, ungeachtet dessen, wozu es dienen soll - für den Militärdienst (Vielseitigkeit), die Jagd (Springen) oder Dressur - weder gute, freie Bewegungen zeigen noch den Reiter bequem sitzen lassen."

Auch die *Methoden* haben sich nicht geändert. Es ist die Ausbildungsarbeit nach den Richtlinien der klassischen Dressur, die gemäß FEI-Definition wie folgt lauten:

„Das Ziel der Dressur ist die harmonische Entwicklung der natürlichen Anlagen und Fähigkeiten des Pferdes. Sie bezweckt gleichermaßen ein ruhiges, gehorsames und schwungvolles Pferd und damit eine vollkommene Einheit mit seinem Reiter...

... Das Pferd vermittelt den Eindruck, als führe es die von ihm geforderten Aufgaben freiwillig, ohne jeden Zwang aus. Voller Vertrauen und mit größter Aufmerksamkeit folgt es gehorsam den Hilfen des Reiters ..."

In beiden Auslegungen werden die wesentlichen Elemente der klassischen Dressur hervorgehoben. Diese gilt es nicht nur auf höherem Niveau, sondern besonders

Abb. 2

Abb. 3

Abb. 4

Abb. 5

in der *Grundausbildung* zu beachten. Es gibt keinen anderen Weg als ehrliche Arbeit - keine Alternative, keine „moderne" oder „altmodische" Methode, es gibt nur einen richtigen oder einen falschen Weg. Die Prinzipien der klassischen Dressur sind unveränderlich.

Für die *Grundausbildung*, eine vielseitige (somit alles umfassende) Ausbildung benötigt man unter normalen Umständen ungefähr zwei Jahre.

Im *ersten Jahr* gewöhnt sich das Pferd an das Reitergewicht. Steht es dann „an den Hilfen", kann man auf das Niveau der klassischen Ausbildung hinarbeiten. Hierbei wird das Pferd als Ergänzung zur Arbeit auf dem Viereck auch an kleine Geländesprünge, Gräben und Wasser herangeführt.

Am Ende des ersten Jahres bewegt sich das Pferd sowohl in der Bahn wie auch im Gelände und im Verkehr vertrauensvoll unter dem Reiter; ferner sollte es in der Lage sein, Dressurprüfungen der Klasse A sowie einen kleinen Parcours über niedrige Hindernisse in ordentlicher Manier zu absolvieren. Für künftige Dressurpferde sollte das Springen lediglich als Abwechslung zur normalen Routinearbeit mit eingebaut werden (Abb. 2, 3, 4 und 5).

Im *zweiten Jahr* befindet sich das Pferd auf dem Weg zur Klasse L. Die Lektionen der Klasse A werden gefestigt, und der Ausbilder arbeitet daran, das Pferd vermehrt geradezurichten und die Schubkraft der Hinterhand, ohne die keine Schwungentfaltung möglich ist, zu entwickeln. Am Ende des zweiten Ausbildungsjahres sollte das Pferd in der Lage sein, Dressurprüfungen der Klasse L zu absolvieren und mit allen gebräuchlichen Sprüngen vertraut sein.

Nach dieser zweijährigen *Grundausbildung* wird das Pferd beinahe sechsjährig sein und bei gut entwickelter Muskulatur sein Wachstum fast vollendet haben.

Es ist mit den Gewichts-, Schenkel- und Zügelhilfen vertraut und bewegt sich losgelassen, frei und taktrein, wobei eine stete leichte Verbindung zwischen Reiterhand und Pferdemaul besteht. Wenn das Pferd zu diesem Zeitpunkt der Arbeit den Eindruck vermittelt, „als führe es die von ihm geforderten Aufgaben freiwillig, ohne jeden Zwang aus...", dann hat der Ausbilder sicherlich hervorragende Arbeit geleistet.

Nun läßt das Pferd „den Reiter bequem sitzen". Es ist „an den Hilfen" und somit für eine *Spezialausbildung* bereit, die es dem erwachsenen Pferd ermöglicht, in der Disziplin, für die es am meisten talentiert ist, vorzügliches zu leisten.

Eine solide *Grundausbildung* ist die beste Vorbereitung für eine Spezialisierung auf höherer Ebene, sei es in der Dressur, im Springen oder in der Vielseitigkeit. Diese systematische und vielseitige Ausbildung bildet die beste Voraussetzung dafür, daß das Pferd später bei erhöhten Anforderungen gesund und bis ins hohe Alter hinein leistungsbereit bleibt.

Wir müssen immer darauf achten, daß es *das Pferd* ist, das die Arbeit machen soll. Es darf nicht sein, daß der Reiter sich ständig quälen muß, während das Pferd sich „schont".

Der natürliche Vorwärtsdrang des Pferdes ist ein hohes Gut, auf das bei der Ausbildung nicht verzichtet werden kann. Geht er verloren, so ist nach der Ursache zu fragen. Oft ist es mangelndes Wohlbefinden oder Überforderung.

Wann immer man ein unwilliges, verspanntes, sich widersetzendes Pferd sieht, kann dies mit Sicherheit auf eine mangelhafte *Grundausbildung* zurückgeführt werden. Ein solches Pferd hat seine ursprünglichen raumgreifenden, lockeren und ausbalancierten Bewegungen, die ihm vor seiner „Dressurausbildung" zueigen waren, verloren, da es inzwischen steif und schief ist und Schmerzen hat. Es wurde einfach zu früh mit Aufgaben konfrontiert, denen es körperlich wie geistig noch nicht gewachsen war.

Leider sieht man bei Turnieren eine ganze Reihe von Reitern, die sich auf diese Art präsentieren (besonders in den höheren Klassen), offensichtlich in der Hoffnung, einen milden Richter zu finden. Ihren Pferden sind die Lektionen der höheren Klassen eingedrillt worden, sie haben dabei jedoch ihren natürlichen Raumgriff, ihre Leichtigkeit und ihren Charme verloren.

Solche Vorstellungen sind lächerlich und haben absolut nichts mit Dressur im klassischen Sinne zu tun!

Auch die schlechten Bilder im Springsport resultieren von einer mangelhaften Dressurausbildung. Ein Pferd, das nicht korrekt „an den Hilfen" steht, unausbalanciert und steif ist, läßt auch seinen Reiter nicht in gutem Licht erscheinen.

Der einzige Weg, dies zu korrigieren, liegt in der Rückkehr zu leichteren Anforderungen, um Losgelassenheit, Takt und Balance wiederherzustellen. Diese wesentlichen Elemente der Grundausbildung müssen vorherrschen, damit überhaupt Harmonie zwischen Pferd und Reiter zustande kommen kann.

Die Grundsätze der Ausbildung im klassischen Sinne sind unveränderlich. Sie haben sich seit Xenophon nicht geändert. An ihnen zu rühren, würde zu gefährlichen Abgleitungen führen.

Leider gibt es heute manche Abweichungen in der praktischen Handhabung der reinen Lehre. Dieses sind aber Einzelfälle und sollten auch als solche gesehen werden. Niemals aber dürfen solche Methoden als „neue Lehre" verstanden werden.

DAS KONZEPT DER AUSBILDUNG:

DER TRAININGSBAUM

„Ein guter Reiter erreicht mit einem durchschnittlichen Pferd mehr als ein durchschnittlicher Reiter mit einem guten Pferd."

Die Grundausbildung umfaßt, wie wir wissen, die vielseitige Schulung des jungen Pferdes.

Dieses soll neben seiner Ausbildung in der Reitbahn auch mit dem Gelände und mit kleinen Hindernissen vertraut sein. Gerade die vielseitige Arbeit ist es, welche das junge Pferd auf Dauer bei Laune erhält und Körper und Geist für weitere Aufgaben stärkt. Auch werden wir hierbei bald erkennen können, wo die Veranlagung des Pferdes liegt, um unsere Arbeit rechtzeitig auf die entsprechende Disziplin auszurichten.

Im folgenden soll nun auf die *Dressur*, den Schwerpunkt der Grundausbildung, eingegangen werden.

Es gibt da zehn wesentliche Kriterien, die bei der Ausbildung eine Rolle spielen und die schließlich „das gerittene Pferd" ausmachen. Wir nennen sie die **Elemente der Ausbildung**.

Jeder hat schon einmal etwas gehört von Schwung, Geraderichtung, von Takt oder von Losgelassenheit. Dieses sind solche Elemente, doch wie werden sie entwickelt, und vor allem wann?

Nun stellt sich uns zunächst die Frage, in welcher Reihenfolge diese Elemente erarbeitet werden sollen. Zum besseren Verständnis werfen wir einen Blick auf den TRAININGSBAUM. (Abb. 6).

Dieses Bild soll dem Verständnis für eine progressive Vorgehensweise in der Ausbildung dienen. Wie man sehen kann, setzt sich

Abb. 6

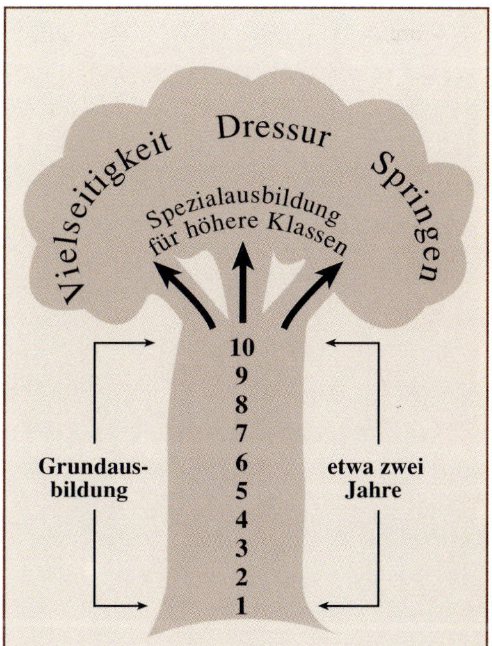

der Stamm aus zehn Elementen zusammen, die während der zweijährigen *Grundausbildung* des jungen Pferdes nacheinander in logischer Folge entwickelt werden müssen. Diese Elemente, die sorgfältig aufeinander aufbauen, haben die Grundlage für einen „soliden Baumstamm" geschaffen, dessen starke Äste eine herrliche Krone tragen.

Die Schönheit der Krone ist das Resultat der *Spezialausbildung*, die wiederum in diesem stabilen und gesunden Stamm ihre Grundlage hat. Die Früchte dieses Trainings sind entweder ein großartiges Spring-, ein erfolgreiches Vielseitigkeits- oder ein begeisterndes Dressurpferd.

Nachfolgend sind diese zehn Elemente in willkürlicher Reihenfolge aufgeführt:

· **Balance**
· **Versammlung**
· **Anlehnung**
· **Ungebundenheit (der Gänge)**
· **Schwung**
· **„An den Hilfen"**
· **Takt**
· **Losgelassenheit**
· **Geraderichtung**
· **Durchlässigkeit**

Also, in welcher Reihenfolge würden Sie diese zehn Elemente bei der Ausbildung Ihres Pferdes angehen? (Die korrekte Antwort ist nachstehend aufgeführt, der Leser sollte jedoch versuchen, zuerst seine eigene Antwort darauf zu finden.)

Zuvor noch eine kurze Erklärung der Bedeutung der einzelnen Elemente:

· **Balance:** Wir unterscheiden das Gleichgewicht von Pferd und Reiter nach den Seiten (Wendungen, Biegungen) und das Gleichgewicht in Längsrichtung (Entlastung der Vorhand, Versammlung).

· **Versammlung** bedeutet, daß das Pferd vermehrt unter den Schwerpunkt tritt. Die Hinterhand nimmt verstärkt Gewicht auf, die Vorhand wird entlastet; das Pferd erhält mehr Aufrichtung in Hals und Widerrist.

· **Anlehnung** bedeutet, daß das Pferd das Gebiß annimmt, d. h. die Hand des Reiters akzeptiert.

· **Ungebundenheit (der Gänge)** bedeutet Lockerheit und Raumgriff.

· **Schwung** ist „die Übertragung des energischen Impulses aus der Hinterhand auf die Gesamtvorwärtsbewegung des Pferdes über einen federnd schwingenden Rücken und einen losgelassenen Hals." (USDF-Handbuch für Richter)

· **„An den Hilfen"** bedeutet, daß das Pferd gelernt hat, auf die Gewichts-, Schenkel- und Zügelhilfen des Reiters zu reagieren.

· **Takt** bedeutet Korrektheit und Reinheit der Gänge, Gelassenheit und Gleichmaß.

· **Losgelassenheit** bedeutet die innere und äußere Entspannung des Pferdes. In der Bewegung erkennt man deutlich das An- und Abspannen der Muskulatur.

· **Geraderichtung** ist das Gegenteil von Schiefe. Ein schiefes Pferd bewegt sich nicht korrekt auf einem Hufschlag und kann so die Schubkraft der Hinterhand nicht umsetzen.

· **Durchlässigkeit** ist nicht einfach nur ein anderes Wort für Lockerheit; es beinhaltet viel mehr! „Durchlässigkeit ist die physische Fähigkeit des Pferdes, sein Gleichgewicht ohne Steifheit oder Widerstand sowohl nach vorne oder hinten wie auch seitlich zu verlagern. Durchlässigkeit zeigt sich in der sofortigen Bereitschaft des Pferdes, auf die verhaltenen und richtungsweisenden Zügelhilfen sowie auf die vorwärtstreibenden Schenkel- und Gewichtshilfen des Reiters einzugehen. Ein Prüfstein für die Durchlässigkeit sind die Übergänge." (USDF Rule Book).

Eine andere Definition lautet wie folgt: Durchlässigkeit bedeutet „Geschmeidigkeit; die Fähigkeit, sich längs oder seitwärts zu biegen, ohne daß dadurch Bewegungsfluß oder Balance gestört werden" (USDF-Handbuch für Richter).

Da es im Englischen keine eigentliche Übersetzung des deutschen Wortes *Durchlässigkeit* gibt, wird dieser Ausdruck hier wie folgt erklärt: „Das Pferd läßt die Hilfen (in erster Linie die Zügelhilfen) durch und auf seine Hinterhand einwirken."

Pferdeleute wissen, daß die Natur des Pferdes stets zu respektieren ist, und sie die Pflicht haben, so viel wie möglich über dessen physische und psychologische Eigenheiten zu lernen. Je mehr wir über unseren Partner wissen (das zeichnet den Pferdemann aus), desto einfacher ist es auch, eine Beziehung zum Pferd aufzubauen und seine Mitarbeit zu erwirken; unerläßlich für ein erfolgreiches Training. Wir wissen, daß wir in der Ausbildung nichts erzwingen können, wollen wir die Gesundheit des Pferdes nicht gefährden.

Mit diesen Gedanken wenden wir uns noch einmal unserem TRAININGSBAUM zu, der inzwischen fertiggestellt worden ist (Abb. 7).

Im Baumstamm werden die zehn Elemente, die während der gesamten *Grundausbildung* für unsere Dressurarbeit wichtig sind, in ihrer *richtigen Reihenfolge* aufgeführt.

Die Dressur ist der bedeutendste Teil dieser vielseitigen Ausbildung, sie ist der Schlüssel für die Arbeit auf einer soliden Grundlage. Der Baumstamm zeigt alle Elemente, die zu dieser Arbeit gehören und letztendlich dazu führen, daß das Pferd locker, gehorsam, und in den Worten de la Guérinières „bequem für den Reiter" wird.

Was verstehen wir unter der *richtigen Reihenfolge*?

Die verschiedenen Elemente müssen ihrem Wesen nach so aneinandergereiht sein, daß das Ausbildungsziel ohne gravierende Rückschläge erreicht werden kann. Das soll nicht heißen, daß jedes Element für sich allein steht und man dieses erst gefestigt haben muß, bevor man sich dem nächstfolgenden zuwenden kann. Jedes Element ist mit dem davor- und danachfolgenden verknüpft, und so wie auch in der Natur keine Zelle für sich allein leben kann, hängen alle diese Elemente voneinander ab - sie sind aufeinander angewiesen. Wir arbeiten daher auch in *Phasen*, die eine Reihe von aufeinanderfolgenden Elementen beinhalten. Auch diese *Phasen* stehen nicht für sich allein, sondern sind miteinander verzahnt.

Somit ergeben sich folgende *Abhängigkeiten:*

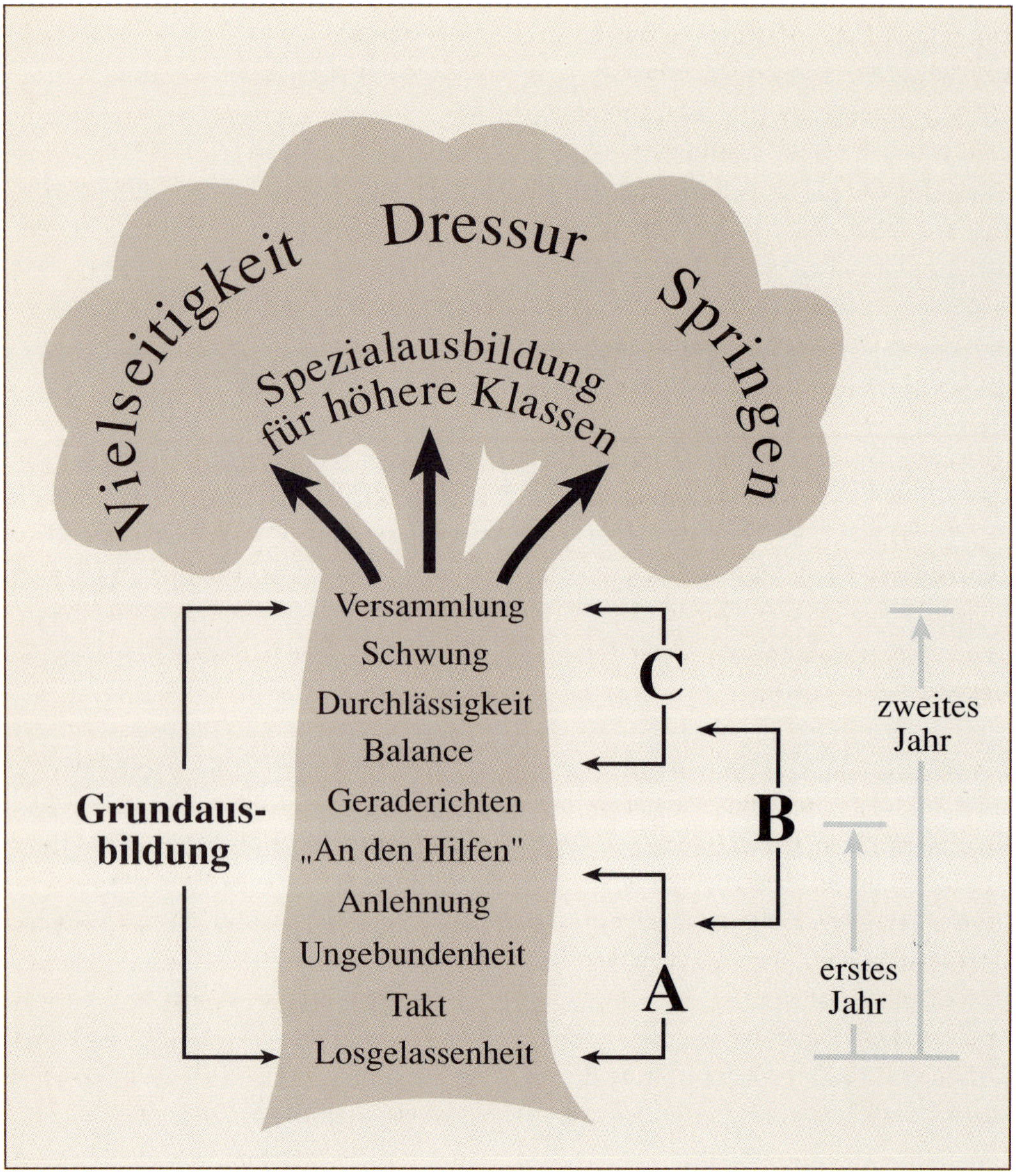

Abb. 7: DER TRAININGSBAUM
PHASE A (auf dem Weg zur Klasse E): Gewöhnung an Reitergewicht ;Vertrautmachen mit Hilfen und Umwelt
PHASE B (auf dem Weg zur Klasse A): Entwickung der Schubkraft
PHASE C (auf dem Weg zur Klasse L): Entwicklung der Tragkraft

In der **PHASE A** (auf dem Weg zum ersten Ausbildungsziel, Klasse E) arbeiten wir vor allem an Losgelassenheit, Takt, Ungebundenheit (Raumgriff) und Anlehnung.

· **Losgelassenheit** muß unser erstes Ziel sein. Nur das entspannte Pferd vertraut dem Reiter und ist somit in der Lage, etwas zu lernen.

· **Takt** kann nicht erwartet werden, ohne daß das Pferd unter dem Reiter *losgelassen* daherschwingt.

· **Ungebundenheit** der Gänge (Raumgriff) ist das Ergebnis von Losgelassenheit und *taktreiner* Bewegung.

· **Anlehnung** an die Reiterhand soll vom Pferd gesucht werden und ist ohne Losgelassenheit und taktmäßigen *Raumgriff* nicht denkbar.

In der **PHASE B** (Auf dem Weg zur Klasse A) wird die **Schubkraft** entwickelt. Das Pferd steht bereits „an den Hilfen".

Nun liegt, neben der täglichen Festigung der in Phase A erarbeiteten Elemente, der Schwerpunkt der Arbeit auf dem Geraderichten und der Balance.

· **Anlehnung** (siehe oben)

· **„An den Hilfen"** ist eher ein Status als ein Element der Ausbildung.

Er sollte, nachdem das Pferd *Anlehnung* gefunden hat, nach einem Jahr erreicht sein.

· **Geraderichten** ist eines der wichtigsten Elemente und Grundlage für die Entwicklung der Schubkraft.

Es ist aber nur möglich, wenn das Pferd sauber *„an den Hilfen"* steht.

· **Balance** (seitlich) findet das Pferd durch das Geraderichten.

Die **PHASE C** dient der Festigung der vorangegangenen Elemente und der Entwicklung der **Tragkraft**. Der Schwerpunkt wird nun gerichtet auf Durchlässigkeit, Schwung und Versammlung.

· **Balance** (siehe oben); hinzu kommt die Balance in Längsrichtung.

· **Durchlässigkeit** zeigt sich am besten in den Übergängen. Ein schlecht ausbalanciertes Pferd kann keine guten Übergänge zeigen und ist nicht „bequem zu reiten". Ohne *Balance* ist jedoch keine Durchlässigkeit zu erwarten.

· **Schwung**entfaltung ist nur möglich, wenn das Pferd geradegerichtet und *durchlässig* ist. Falls nicht, gibt's Probleme. Nur das durchlässige Pferd ist in der Lage, Schubkraft in Tragkraft umzusetzen.

· **Versammlung** bedeutet, daß das Pferd von hinten nach vorn mehr Aufrichtung bekommt (relative Aufrichtung) und in der Vorhand leichter wird. Voraussetzung für Versammlung ist, daß *alle anderen Elemente erreicht und gefestigt* worden sind. Läßt sich das Pferd versammeln, so ist es für eine weiterführende Dressurausbildung bereit.

Diese Ausführungen erscheinen uns sicherlich recht logisch. Dies liegt daran, daß jedes Element auf dem vorhergegangenen aufbaut. Je gefestigter die einzelnen Elemente sind, desto leichter ist es, das nächste einzuführen. Die gesamte Vorgehensweise befindet sich in Einklang mit den natürlichen Fähigkeiten des Pferdes.

Folgt man diesen einfachen Richtlinien, kann man eigentlich nicht viel falsch machen. Verletzt man diese Grundsätze jedoch, so wird dies meist im *Chaos* enden, Widersetzlichkeiten und andere Probleme sind die Folge.

Vielleicht wird hieraus ersichtlich, warum so viele Reiter Probleme mit ihren Pferden haben. In beinahe allen Fällen liegt der Fehler nicht beim Pferd, sondern beim Reiter, der, aus welchem Grund auch immer, die Reihenfolge des TRAININGSBAUMS nicht eingehalten hat.

Hier einige Beispiele:

· Der Reiter hat Schwierigkeiten, sein Pferd „an den Zügel" zu reiten. Das Pferd sieht verspannt und unzufrieden aus.

Empfehlung: Der Reiter muß das Pferd lösen, es auf dem Zirkel fleißig vorwärtsreiten und dann erst die Anlehnung anbieten und finden lassen.

· Der Reiter möchte mit seinem Pferd ein Hindernis springen. Das Pferd legt sich auf die linke Schulter und bricht nach links aus.

Empfehlung: Das Pferd muß zuerst geradegerichtet werden. Hierfür muß das Pferd jedoch wiederum korrekt „an den Hilfen" stehen.

· Der Reiter möchte, daß sein Pferd im Trab die Tritte verlängert. Statt dessen wird das Pferd einfach eiliger und läuft davon. Das Pferd ist offensichtlich im Rücken verspannt und schwingt nicht (evtl. schmerzempfindlich?).

Empfehlung: Bevor der Reiter das Pferd auffordert, die Tritte zu verlängern, muß sich das Pferd losgelassen und taktmäßig bewegen, das Gebiß annehmen und eine stete Anlehnung beibehalten. Der Reiter muß in der Lage sein, die Zügel nach vorwärts-abwärts aus der Hand kauen zu lassen, damit sich das Pferd in seiner Oberlinie dehnen kann und der Rücken zu schwingen beginnt.

Man darf keine Trittverlängerungen verlangen, bevor man nicht diese „Schwingungen" des Rückens erfühlen kann. Die Tritte zu verlängern bedeutet, diese „Schwingungen" mittels Gesäß- und Schenkelhilfen zu verlängern.

· Das gleiche gilt auch für das Rückwärtsrichten. Das Pferd widersetzt sich, weicht mit der Hinterhand aus.

Empfehlung: Die korrekte Ausführung dieser Lektion hängt von der Durchlässigkeit ab. Nur ein durchlässiges Pferd läßt halbe Paraden auch durch. Voraussetzung für Durchlässigkeit ist jedoch wiederum ein ausbalanciertes und geradegerichtetes Pferd.

Folglich muß der Reiter zuerst an diesen Punkten arbeiten, bis das Pferd auf die halben Paraden reagiert.

Akzeptiert das Pferd die halben Paraden, wird ihm auch die Ausführung des Rückwärtsrichtens keine Schwierigkeiten mehr bereiten.

Dies sind nur vier Beispiele von hunderten von Problemen, mit denen man während der Ausbildung möglicherweise konfrontiert werden kann.

Der Reiter muß immer nach der Ursache des Problems suchen und dabei stets geduldig und fair bleiben. Der TRAININGSBAUM ist ein verläßlicher Helfer.

In den meisten Fällen liegt es an einer mangelnden Vorbereitung, wenn das Pferd nicht versteht, was wir von ihm erwarten. Darum muß man, um das Vertrauen und die Mitarbeit des Pferdes wiederherzustellen, auf einfachere Lektionen zurückgreifen. Danach kann man die schwierigere Lektion noch einmal wiederholen, und in den meisten Fällen wird das Pferd jetzt die geforderte Aufgabe erfüllen. Dies ist der Zeitpunkt für eine Belohnung oder auch für die Beendigung der Arbeit.

Sollte sich der Reiter jemals für die „Konfrontation" mit dem Pferd entscheiden, muß er sich sicher sein, als Sieger hervorzugehen und das Pferd danach auch loben.

Sollte man sich jedoch über das Resultat einer derartigen Auseinandersetzung unsicher sein, muß die Erkenntnis, noch einiges über die Reiterei lernen zu müssen, die Einsicht fördern, einen anderen Weg einzuschlagen.

Einer der gravierendsten Reiterfehler ist das ständige „Herumnörgeln" am Pferd. Dies führt zu nichts; im Gegenteil, das Pferd wird immer sturer, der Reiter frustriert und der ganze Ausbildungsweg unnötig erschwert.

Zugegebenermaßen mag es einem recht lange erscheinen, den in unserem TRAININGSBAUM aufgeführten Richtlinien zwei Jahre lang zu folgen, es wird sich jedoch auszahlen! Das Pferd kann physisch und psychisch reifen, Gesundheit und Zufriedenheit zeugen von seiner Bereitschaft, die von uns gestellten Anforderungen zu erfüllen. Diejenigen, die mit Schnellverfahren arbeiten, werden nur auf Probleme stoßen und somit Zeit und Energie verschwenden. Langfristig gesehen ist die hier aufgezeigte Methode immer die kürzere.

Lassen Sie uns nochmals einen Blick auf die verschiedenen Phasen des TRAININGSBAUMS werfen (Abb. 7).

Die zweijährige Grundausbildung umfaßt drei verschiedene Ausbildungsphasen.

Phase A - Das Pferd wird an das Reitergewicht gewöhnt und zeigt seine Bereitschaft zur Mitarbeit (Anforderungen für eine Dressurprüfung der Klasse E).

Phase B - Die Entwicklung der Muskeln, Sehnen und Bänder erlaubt es dem Pferd, allmählich *Schubkraft* aus der Hinterhand aufzubauen und sich unter dem Reiter in natürlicher Haltung korrekt zu bewegen (Anforderungen für eine Dressurprüfung der Klasse A).

Phase C - Das Pferd entwickelt *Tragkraft* aus der Hinterhand und die Fähigkeit zur Selbsthaltung und beginnt, die Lektionen mit Leichtigkeit und Eleganz auszuführen (Anforderungen für eine Dressurprüfung der Klasse L).

Genau wie die einzelnen zehn Elemente, so sind auch diese drei Phasen voneinander abhängig. Die Übergänge sind fließend. Die Abbildung zeigt ferner, welche Elemente nach dem ersten Ausbildungsjahr erreicht werden sollten. Das Pferd sollte in der Lage sein, eine Dressurprüfung der Klasse A einigermaßen fehlerfrei zu absolvieren.

Im zweiten Jahr ist das Pferd auf dem Weg zur Klasse L; alle Ausbildungselemente des ersten Jahres werden gefestigt; das Pferd sollte nun in der Lage sein, Dressurprüfungen der Klasse A „mit Glanz" zu bestehen.

Somit kann die Faustregel gelten: Im ersten Ausbildungsjahr werden die Elemente 1 - 5 erarbeitet, im zweiten Jahr kommen die Elemente 6 - 10 hinzu.

Daß dies nicht allzu schematisch gesehen werden kann, dürfte einleuchten. Pferde sind nun mal verschieden (und Menschen auch). Dringend gewarnt werden aber muß davor, ein sehr begabtes Pferd zu früh zu fordern. Muskeln, Sehnen und Bänder brauchen Zeit, sich zu entwickeln. Diese Einsicht ist ein Teil der *Horsemanship*, die von einem guten Ausbilder erwartet werden muß.

Wie wir sehen, vermittelt uns der TRAININGSBAUM ein klares Bild davon, wie die einzelnen Phasen der Ausbildung aufeinander abgestimmt sind. Wir kennen nun die zehn Elemente der Ausbildung und wissen, daß sie in bestimmter Reihenfolge erarbeitet werden müssen.

Die Einhaltung dieser Reihenfolge erleichtert die Ausbildung ganz wesentlich; die Übergänge zwischen den einzelnen Elementen sind fließend, dem stetig wachsenden Vertrauen des Pferdes und seiner Bereitschaft zur Mitarbeit angepaßt, damit immer „der Eindruck vermittelt wird, daß das Pferd die von ihm geforderten Übungen von sich aus willig ausführt" (Definition der FEI).

Diese Reihenfolge steht in Einklang mit den natürlichen Fähigkeiten des Pferdes und sollte für die langfristige Ausbildung genauso gelten wie für die tägliche Arbeit. Korrektes Reiten dient auch der Gesunderhaltung des Pferdes.

Ein Pferd, das alle Phasen der *Grundausbildung* korrekt absolviert hat, ist in der Lage, *jede* Prüfung der Klasse L auf zufriedenstellende Weise zu absolvieren. Folglich muß sich der Reiter nicht darum sorgen, welche der verschiedenen L-Prüfungen er reiten wird; das einzig Wichtige ist, daß das Pferd sämtliche Elemente des TRAININGSBAUMS sicher beherrscht.

Folgen wir der Reihenfolge des TRAININGSBAUMS, werden wir feststellen, daß jeder der erreichten Punkte wiederum andere positive Eigenschaften hervorbringt. Dies bedeutet im einzelnen:

·LOSGELASSENHEIT sorgt für **Ruhe** und **Vertrauen**.

·TAKT begünstigt **Konzentration**, **Gleichmäßigkeit** und **Rhythmus**.

·UNGEBUNDENHEIT der Gänge ergibt **Raumgriff** und macht die Bewegungen „fließend" und locker.

· ANLEHNUNG sorgt in Verbindung mit den Schenkelhilfen für die **Verbindung zwischen Hinterhand und Pferdemaul**.

· GERADERICHTEN beinhaltet Biegsamkeit nach beiden Seiten. Es ist Voraussetzung für die **Schubkraft aus der Hinterhand**.

· BALANCE macht das Pferd „leicht" in der Vorhand.

· DURCHLÄSSIGKEIT hat **Gehorsam**, **Geschmeidigkeit** und schließlich **„Durchgerittensein"** zur Folge.

· SCHWUNG beinhaltet **lockeres Genick, federnden Rücken, Schub aus der Hinterhand, Freiheit in den Schultern**.

· VERSAMMLUNG führt dazu, daß das Pferd vermehrt **unter den Schwerpunkt tritt**, sich aufrichtet, kadenziertere, erhabenere Bewegungen zeigt und mehr Ausdruck bekommt.
Wie man hieraus ersehen kann, gibt es viele verschiedene Fachausdrücke, die auf den ersten Blick etwas verwirrend anmuten mögen; je mehr man sich jedoch mit dem Thema der Ausbildung beschäftigt, desto vertrauter werden diese Ausdrücke und desto leichter werden wir mit ihnen umgehen können.

Die obige Zusammenstellung der Fachausdrücke soll verdeutlichen, wie sich beispielsweise ein „an den Hilfen" stehendes Pferd anfühlen sollte, oder welche Eigenschaften ein Pferd haben muß, wenn man es als „durchlässig" bezeichnen will.

Tatsächlich müssen alle Eigenschaften, die der Durchlässigkeit vorangehen, erkennbar sein.

Lassen Sie mich nun auf die einzelnen Elemente, die zur *Grundausbildung* gehören, eingehen. Wir beginnen mit dem Element Nr. 1, der **Losgelassenheit**.

LOSGELASSENHEIT

1. ELEMENT DES TRAININGSBAUMS

„Voraussetzung für eine gute Partnerschaft zwischen Pferd und Reiter ist gegenseitiges Vertrauen"
(H.M.E.)

Das losgelassene Pferd bewegt sich ohne psychische oder körperliche Einschränkung gelassen vorwärts, ist dem Reiter gegenüber aufmerksam und macht keine Anstalten zu eilen oder zu „klemmen„.

Der Reiter kann jederzeit die Zügel hingeben und wieder aufnehmen, ohne daß das Pferd Tempo oder Takt verändert.

In gegenseitigem Vertrauen fühlt sich das Pferd unter seinem Reiter geborgen und ist frei von Furcht.

Das losgelassene Pferd weist keinerlei Verspannungen auf. Die Muskulatur ist locker, kein Körperteil blockiert. Durch das Vertrauen in seinen Reiter ist das Pferd auch innerlich entspannt und selbstbewußt.

Die Augen blicken „sanft" und gelassen. Das lebhafte Ohrenspiel zeugt von Aufmerksamkeit dem Reiter und der Umwelt gegenüber. Das Maul ist geschlossen und feucht; die Zunge liegt unter dem Gebiß. Die Atmung ist normal, nachdem das Pferd einige Male abgeschnaubt hat. Der Hals ist nach vorwärts-abwärts gedehnt, der aufgwölbte Rücken läßt den Reiter sitzen.

Der Schweif ist die Verlängerung der Wirbelsäule. Die Schweifhaltung sagt viel über den Gemütszustand eines Pferdes aus. Steifheit oder Schiefe sind Zeichen für Verspannungen im Rücken. Schweifschlagen ist im allgemeinen eine Abwehrreaktion auf unruhige Schenkel des Reiters. Das gelöste Pferd trägt den Schweif gleichmäßig und locker, er pendelt gleichmäßig im Takt der jeweiligen Gangart.

Die Dauer der Lösungsphase hängt im wesentlichen von der nervlichen Verfassung des Pferdes und vom Können des Reiters ab.

Mit einem von Natur aus eher ruhigen Pferd wird es kaum Schwierigkeiten geben. Ein mental unsicheres Pferd erfordert hingegen viel Zeit und Geduld. Die *Zeit* ist hier der wichtigste Faktor, nicht die zurückgelegten *Kilometer*.

Warum verspannt sich das Pferd überhaupt?

Wie schon erwähnt, beginnen die Verspannungen im Kopf. Das Nervensystem, über das sämtliche Muskeln des Körpers kontrolliert werden, empfängt „Meldungen".

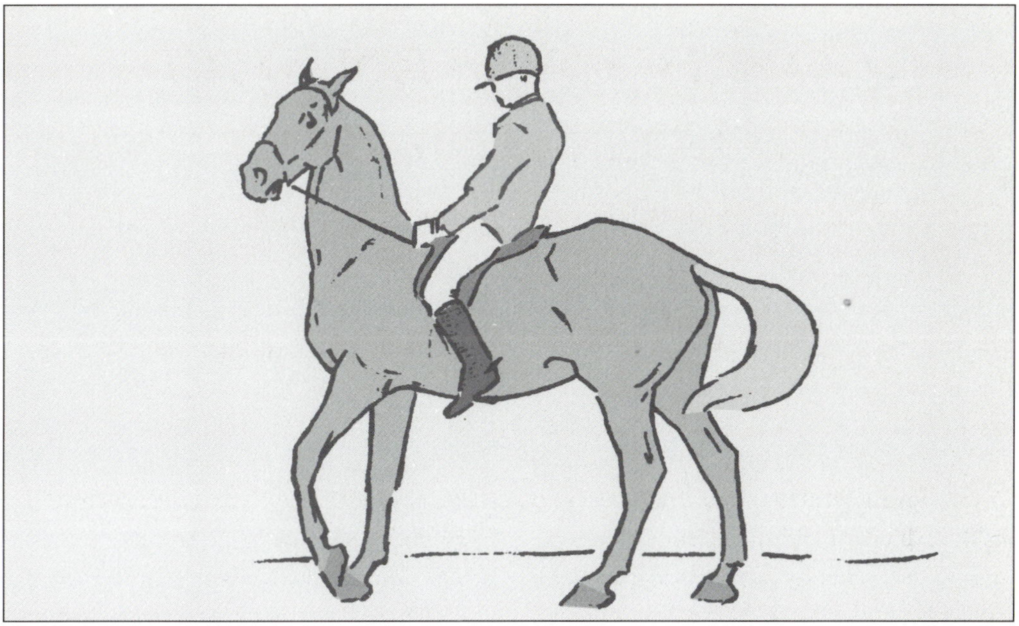

Abb. 8: Junge Pferde neigen dazu, sich aufgrund des ungewohnten Reitergewichts zu verspannen.

Werden Meldungen, die Schmerz oder Gefahr signalisieren, empfangen, so wird das Pferd hierauf sofort mit Spannung und Abwehr reagieren. Unerfahrene Pferde, die sich locker und taktmäßig an der Longe bewegen, verkrampfen sich oftmals, sobald der Reiter aufsitzt (Abb. 8).

Die neue Situation und das noch ungewohnte Gewicht des Reiters auf seinem Rücken führen dazu, daß das junge Pferd mißtrauisch wird und eine Abwehrhaltung einnimmt. Der Rücken wird angespannt, das Pferd hält den Atem an, und jede falsche Bewegung des Reiters kann größere Schwierigkeiten zur Folge haben.

Durch Bocken versucht das Pferd, sich von seinen Spannungen (oder seinem Reiter) zu befreien.

Es ist für ein Pferd äußerst schwierig zu lernen, wie es das Reitergewicht in den verschiedenen Gangarten, zunächst auf der Ebene, später auch in hügeligem Gelände, auszubalancieren hat. Ein erfahrener, gefühlvoller Reiter weiß, wie er seinen Körper mit den noch unkontrollierten Bewegungen des Pferdes in Einklang bringen muß, ohne dabei mit den Beinen zu klammern. So kann das Pferd innerhalb kurzer Zeit lernen, mit dem Reitergewicht „umzugehen", ohne sich dabei zu verspannen. Die Arbeit auf der Hangbahn (siehe S. 114) ist hier besonders hilfreich.

Verspannungen können auch noch andere Ursachen haben. Verspürt das Pferd zum Beispiel nach einem Unfall oder einer extremen Streßsituation Schmerzen, verkrampfen sich die Muskeln und reichern sich mit Milchsäure an. Nun wird ein natürlicher Heilungsprozeß in Gang gesetzt, in dessen Verlauf das Gehirn das Signal empfängt, das kranke Körperteil mit mit Sauerstoff und Nährstoffen angereichertem Blut zu versorgen. Dieser Vorgang erfordert jedoch Zeit.

Wird dieser Heilungsprozeß ständig unterbrochen (weil der Reiter nicht warten kann, bis das Pferd wieder völlig gesund ist), führen Muskelverkrampfungen zu Blockaden im Körper, die diese Signale zum Gehirn verhindern. In diesem Fall erfolgt keine zusätzliche Blutzufuhr und somit auch kein weiterer Heilungsprozeß. Bei genauer Beobachtung kann man viele Pferde sehen, die sich exakt aus diesem Grund für den Rest ihres Lebens taktunrein oder steif bewegen.

Manchmal verspannt sich ein Pferd auch, weil der Reiter an Lektionen „herumdoktert", die dem Pferd unverständlich sind, weil es einfach noch nicht soweit ist. Von einer in unserem TRAININGSBAUM aufgezeigten „systematischen" Ausbildungsarbeit ist dann nichts mehr zu finden.

Leider sieht man auch in Dressurprüfungen Pferde, denen die Grundlagen für die verlangten Leistungen fehlen. Derart gestreßten Pferden wurden offensichtlich in dieser Weise Lektionen eingebleut, in der Hoffnung, damit glänzen zu können. Dies geht jedoch immer auf Kosten der uns nun bekannten Elemente und zerstört jede Harmonie.

Verspannungen behindern das Pferd in seinen natürlichen Bewegungen. Verspannt sich das Pferd im Rücken, kann der Reiter im Trab nicht mehr aussitzen. Ein steifer und ungeschickter Reiter weckt im Pferd wiederum den Fluchtinstinkt, es versucht sich durch Davonlaufen zu wehren. Der Schritt verkürzt sich, wird hastig und unregelmäßig.

Der Galopp ist nicht mehr rund und weist keine Schwebephase auf (manchmal auch als „Vierschlag" bezeichnet). Diese Art von „Dressur" ist einfach lächerlich und ein Affront gegen die Persönlichkeit des Pferdes.

Noch einmal: Losgelassenheit ist das erste Element in der Ausbildung des Pferdes und die Grundlage für jedes weitere Training.

Die Zufriedenheit des Pferdes während der Arbeit ist oberstes Gebot, denn zufriedene Pferde verspannen sich nicht.

Vor dem Aufwärmen muß der Reiter das Pferd mindestens zehn Minuten im Schritt am langen Zügel gehen lassen. Pausen sind für das Pferd Belohnung für gute Arbeit.

Die Arbeit muß noch vor dem Ermüden des Pferdes beendet werden. Auch nach der Arbeit sollte das Pferd mindestens zehn Minuten lang im Schritt bewegt werden.

Zur Entspannung sollte, wenn immer möglich, ein Ausritt mit eingeplant werden. Hat man einmal nur wenig Zeit, ist schlecht gestimmt oder nervös, sollte man mit ernsthafter Arbeit gar nicht erst beginnen.

Dann ist es besser, sich mit seinem Freund bei einem Ausritt einfach nur zu entspannen.

Losgelassenheit muß in jeder Lektion, auf jeder Ebene stets erkennbar sein (Abb. 9).

Abb. 9: Selbst in der Piaffe, dem höchsten Grad der Versammlung, muß das Pferd innerlich und äußerlich entspannt sein. Der Autor mit der selbstgezogenen Hannoveraner Stute „Wendischka".

Wie erreichen wir diese Losgelassenheit?

Wie wir nun wissen, kommen als Ursachen für Verspannungen Nervosität, Angst, Schmerzen oder andere Streßsituationen in Frage. Ständige Spannungen führen zu Muskelproblemen, die wiederum zur Folge haben, daß das Pferd die Tritte verkürzt, taktunrein wird und höchstwahrscheinlich mit Unbehagen und Widersetzlichkeiten reagiert. Aus diesem Grund müssen wir die Losgelassenheit als wichtigstes und erstes Element unserer *Grundausbildung* ansehen. Ein Pferd, das sich nicht losläßt, wird auch nicht auf die leisen Hilfen des Reiters reagieren.

Der erste Arbeitsabschnitt findet an der Longe statt. Wie dies im einzelnen auszusehen hat, soll hier nicht weiter vertieft werden, da in der Pferdeliteratur bereits genügend Bücher vorhanden sind, die sich mit der Longenarbeit befassen.

Hier seien nur einige der wichtigsten Punkte aufgeführt:

1) Longieren bedeutet *Arbeit*; dies gilt sowohl für das Pferd als auch für den Aus-

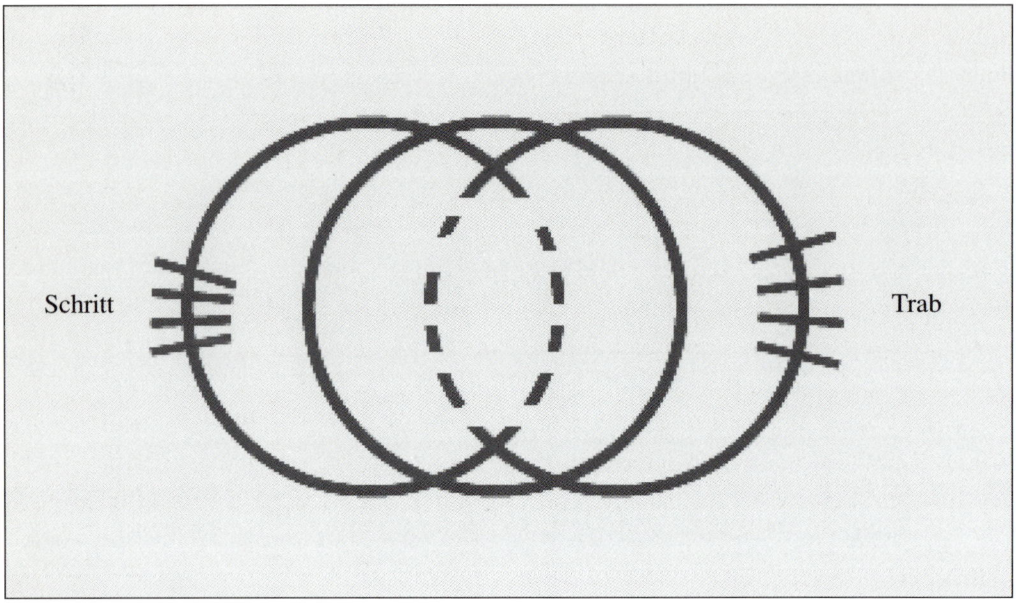

Abb. 10

bilder; wie beim Reiten sind Gefühl und Konzentration gefordert.
Undiszipliniertes Herumrennen hat keinen Nutzen und kann der Gesundheit des Pferdes schaden.
2) Der Longierplatz sollte ruhig gelegen und eingefaßt sein.
3) Korrektes Longieren festigt und fördert die Beziehung zwischen Reiter und Pferd.
4) Als Hilfen dienen Longe, Peitsche und Stimme. Alle Kommandos müssen entschlossen und konsequent gegeben werden, damit das Pferd sie auch zu verstehen lernt.
5) Nehmen Sie sich Zeit. Losgelassenheit ist nicht gleichbedeutend mit Müdigkeit oder Trägheit; sie beginnt im Kopf mit Vertrauen und Selbstbewußtsein.
6) Das Longieren beginnt und endet mit einer angemessenen Schrittphase.

Zur korrekten Longenarbeit benötigt man einen Kappzaum, Ausbinde- oder Schlaufzügel, die lang genug verschnallt werden müssen, um es dem Pferd zu ermöglichen, sich im Hals vorwärts-abwärts an das Gebiß heranzudehnen.

Nach einer genügend langen Aufwärmphase im Schritt und im Trab wird dies für gewöhnlich auch der Fall sein, die gesamte Muskulatur lockert sich allmählich, die Nase befindet sich leicht vor der Senkrechten, das Maul befindet sich ungefähr auf Höhe der Bugspitze. Löst sich das Pferd aus physischen oder psychischen Gründen auf diese Weise nicht, müssen noch andere Mittel eingeschaltet werden. Nützliche Hilfsmittel für das Überwinden von Schwierigkeiten in dieser Phase sind die Doppellonge, Stangen für Schritt- und Trabarbeit, Cavalletti und eine große Portion Geduld. Cavallettiarbeit lockert die Rückenmuskulatur; sie findet zunächst ohne Reiter, später dann mit Reiter statt (Abb. 11, 12).

Das Pferd darf während des Überwindens der Stangen oder der Cavaletti auf keinen Fall das Tempo beschleunigen oder eilig werden. Der Longenführer muß dafür sorgen, daß das Pferd zu seinem natürlichen Tempo findet, in dem ihm die Arbeit am leichtesten fällt. Auf diese Weise kann es am besten sein Gleichgewicht finden und die gewünschte Muskulatur entwickeln. Es muß die vorwärtstreibenden Hilfen (Peitsche, Stimme) respektieren und eine stete Verbindung zur Hand des Longenführers beibehalten. Alle Hilfen sollten mit „sanfter Entschlossenheit" ausgeführt werden.

Die folgende Vorgehensweise hat sich z.B. als sinnvoll bewährt: Der mittlere Zirkel bleibt der Arbeit ohne Cavalletti, der rechte Zirkel der Arbeit über Cavalletti im Trab, der linke Zirkel der Arbeit über Cavalletti im Schritt vorbehalten (Abb. 10).

Das erste Aufsitzen ist für Pferd und Reiter stets ein Abenteuer. Der Reiter muß dafür sorgen, daß es zu einer angenehmen Erfahrung wird! Ich möchte aus den genannten Gründen auch hier nicht auf Einzelheiten eingehen, sondern nur einige grundlegende Punkte hervorheben:

- je besser die Vorbereitung, desto weniger Probleme sind zu erwarten
- es sollte eine für das Pferd gewohnte Umgebung gewählt werden
- nur ein erfahrener Reiter kommt für diese Aufgabe in Betracht
- eine erfahrene Person sollte Hilfestellung leisten
- zur Gesellschaft wird ein anderes ruhiges Pferd danebengestellt
- je besser das erste Aufsitzen gelingt, desto weniger Probleme sind später zu erwarten

Die Gewöhnung an das Reitergewicht stellt für das junge Pferd den ersten bedeutenden Lernprozeß dar. Knochengerüst, Muskeln, Sehnen und Bänder sind nicht dafür gedacht, ein erhebliches zusätzliches Gewicht zu tragen. Dies ist auch der Grund, warum das Pferd zunächst die Rücken- und Halsmuskulatur anspannt und somit in all seinen natürlichen Bewegungen stark eingeschränkt ist. Das Pferd muß zunächst lernen, den Reiter zu tragen und das Reitergewicht in allen Gangarten auszubalancieren.

Dieser Prozeß kostet Zeit!

Unter einem leichten, erfahrenen Reiter verläuft diese Gewöhnungsphase wahrscheinlich problemlos. Ein elastischer Sitz, Beine, die einfach nur „Fühlung" mit dem Pferdeleib aufnehmen und eine ruhige Hand sorgen schnell dafür, daß das Pferd Vertrauen gewinnt und sich entspannt. Ein unqualifizierter Reiter kann auf einem jungen Pferd ernste Probleme bekommen.

Leider haben viele Pferde nie gelernt, ihren Rücken richtig zu gebrauchen. Ohne die Funktion dieser wichtigen Brücke zwischen Vor- und Hinterhand ist das Pferd jedoch nicht in der Lage, sein maximales Leistungspotential auch auszuschöpfen. Kann kein erfahrener Ausbilder zur Korrektur herangezogen werden, so leidet das Pferd hierunter sein Leben lang.

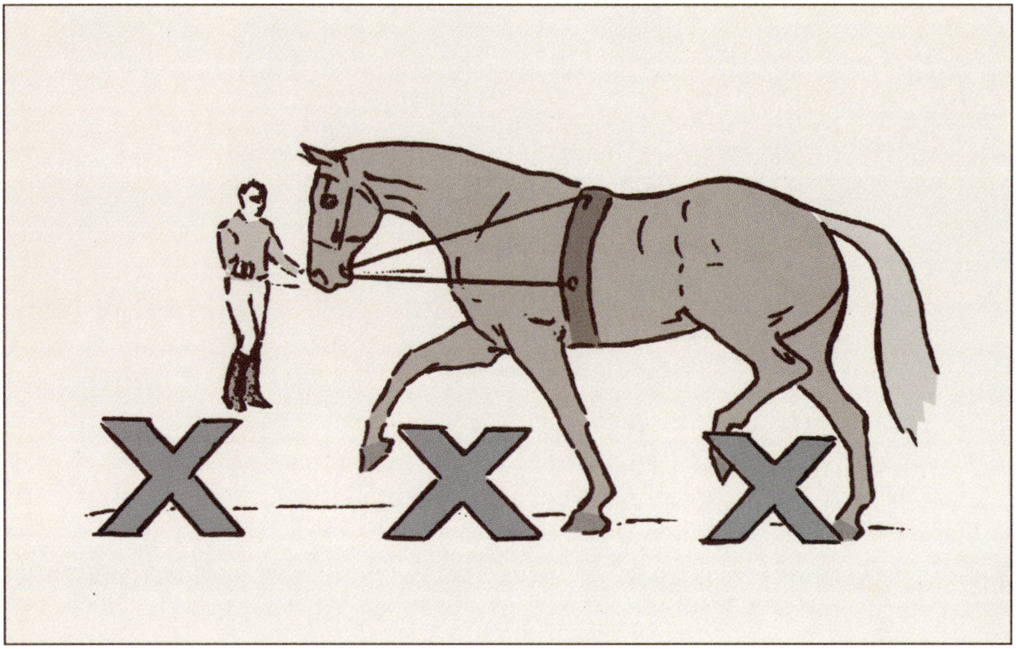

Abb. 11: Lösende Arbeit an der Longe zur Förderung der Losgelassenheit.

Abb. 12: Lösende Arbeit zur Förderung der Losgelassenheit unter dem Sattel im Entlastungssitz.

Abb. 13: Gesunde, junge Pferde haben Freude am Freispringen.

Das Freispringen bietet eine hervorragende Abwechslung zur täglichen Routinearbeit. Pferden macht diese Art der Gymnastizierung Spaß, immer vorausgesetzt, daß auch korrekt vorgegangen wird. Alle meine Pferde, die künftigen Dressurpferde eingeschlossen, lieben diese Arbeit, die während der Wintermonate einmal pro Woche stattfindet (Abb. 13).

Leider sind Schlauf- und ähnliche restriktive Hilfszügel immer mehr in Mode gekommen. Benutzt man sie über einen begrenzten Zeitraum mit Sorgfalt, können sie zur Überwindung von Rückenproblemen beitragen. In den meisten Fällen werden diese Schlaufzügel jedoch wie eine Art Zwangsjacke eingesetzt. Sie zwingen das Pferd in einen Rahmen, der oftmals nicht mit seinem Körperbau in Einklang steht. Die natürliche Bewegungsfähigkeit wird eingeschränkt, was dazu führt, daß das Pferd als Abwehr die falschen Muskeln aufbaut. Hat das Pferd Rückenschmerzen, so wird es danach trachten, diesem Schmerz irgendwie auszuweichen.

Auch erfahrene Tierärzte wissen, daß viele Erkrankungen der unteren Gliedmaße von solchen Problemen herrühren.

Wird der Rücken nicht korrekt in den Bewegungsablauf des Pferdes mit einbezogen, so muß dies durch die unteren Gliedmaßen ausgeglichen werden.

Anders ausgedrückt, den Gliedmaßen des Pferdes fällt nun die Hauptarbeit zu, somit

Abb. 14: Obere Muskelgruppen

Abb. 15: Untere Muskelgruppen

Abb. 16: Falsch! Das Pferd ist im Rücken verspannt. Die oberen Muskelgruppen ziehen sich zusammen, während sich die unteren Muskelgruppen dehnen.

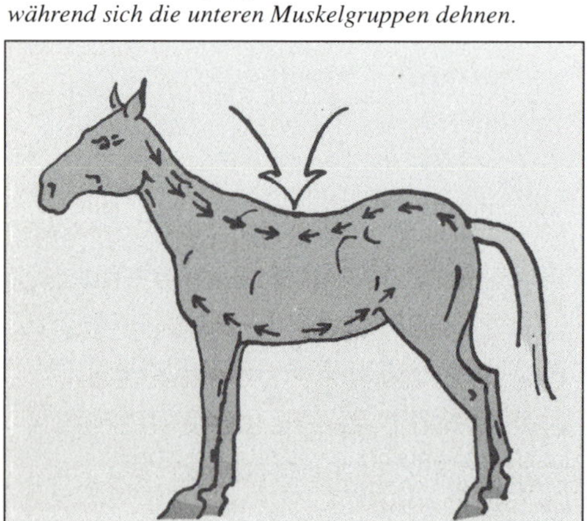

werden sie auch anfälliger für Verletzungen.

Auch die Zügellahmheit ist eine Art von Kompensation. Hier hat das Pferd einen Weg gefunden, mit einem unausbalancierten Reiter mit einer einseitig verkrampften Handhaltung umzugehen. Pferde sind auch in dieser Weise lernfähig.

Werfen wir nun einen Blick auf den Körperbau des Pferdes. Es gibt zwei wesentliche Muskelgruppen, die eine wichtige Rolle spielen: die obere und die untere (Abb. 14, 15).

Die Muskeltätigkeit besteht aus zwei sich abwechselnden Phasen, dem Zusammenziehen und Entspannen (Dehnen). Das Zusammenziehen ist die aktive Phase, für die Energie und somit Sauerstoff gebraucht wird; in der Dehnungsphase erholen sich die Muskeln, wobei sie über die Blutzirkulation mit neuem Sauerstoff versorgt werden. Bleibt ein Muskel über einen längeren Zeitraum zusammengezogen, so verspannt er sich und es gibt kein Dehnen, keine Erholungsphase. Eine solche Verspannung kann sich bis zu schmerzhaften Muskelkrämpfen steigern.

Das junge Pferd spannt die Rückenmuskulatur an, sobald der Reiter aufsitzt (Abb. 16).

Da die Rückenmuskeln sowohl mit den Muskeln des Halses als auch der Kruppe verbunden sind, wird der Hals heraufgezogen und die Hinterhand herausgestellt. Das ganze Pferd ist von dieser Verspannung betroffen; es kann nicht mehr normal atmen oder sich normal bewegen und wird sehr schnell ermüden. Ein guter Reiter zeigt Verständnis für dieses Problem, indem er jeweils nur für kurze Zeit reitet und dem jungen Pferd immer wieder Pausen zur Entspannung gönnt.

Ohne Zweifel ist die korrekte Funktion der Rückenmuskulatur außerordentlich wichtig. Der Rücken muß:

· den Reiter tragen und
· die Vorhand mit der Hinterhand verbinden.
· Oft ist er aber auch Ursache für einen verspannten Körper, eine steife Hinterhand, angespannte Halsmuskeln, ein „hartes Maul" und kann das Nachgeben im Genick blockieren.

Somit ist ein entspannter Rücken Voraussetzung für jede weitere Ausbildung.

Bevor der Reiter zum ersten Mal aufsitzt, sollte das Pferd ausreichend longiert und mit „aufsitzähnlichen" Übungen vertraut sein. Dabei sollte man wissen, daß es weniger das Reitergewicht ist, das dem jungen Pferd Angst einflößt, sondern eher das ungewohnte Erscheinen eines Menschen über seinem Kopf und klammernde Schenkel. Hoch im Blut stehende Pferde verlangen hier besondere Geduld.

Während der ersten Monate der *Grundausbildung* ist es eine große Herausforderung für den Reiter, die Losgelassenheit des Pferdes unter der ungewohnten Last wiederherzustellen und seine natürlichen Gänge zu festigen (Abb. 17) (Phase A des TRAININGSBAUMS).

Diese Phase kann nicht verkürzt werden. Die hierfür benötigte Zeitspanne hängt sowohl vom Körperbau des Pferdes als auch von den Fähigkeiten des Reiters ab. Nur das gelöste Pferd, das harmonisch mit seinem Reiter zusammenarbeitet, kann auch die richtige Muskulatur an der richtigen Stelle aufbauen.

In dieser Trainingsphase reiten wir nicht im „klassischen Sitz" (sitzen nicht „voll" aus). Wir benutzen vielmehr den Entlastungssitz, indem wir die Last unseres Gewichtes vermehrt mit den Oberschenkeln abfangen. Wir sitzen den Trab nicht aus, es sei denn, das am Zügel stehende Pferd wölbt den Rücken und erlaubt uns somit, „Platz zu nehmen".

Ist das Pferd in der Lage, Rücken und Hals richtig zu gebrauchen, so ist es für die weitere Ausbildung bereit. Es ist nicht länger verspannt und hat seinen natürlichen Bewegungsablauf wiedergefunden; die Tritte werden taktmäßig, und es wird zum ersten Mal Verbindung zur Reiterhand aufnehmen. Auf die Schenkelhilfen des Reiters reagierend, bewegt es sich frei vorwärts und wird allmählich eine stete Anlehnung mit der weich fühlenden Reiterhand beibehalten. Es wird lernen, auf die Hilfen des Reiters zu achten und dabei taktrein und in gleichmäßigem Tempo vorwärtsgehen.

Die weitere Ausbildung umfaßt Cavallettiarbeit in allen Gangarten, Bergauf- und Bergabreiten, Lektionen wie Wendungen und Zirkel auf einem Hufschlag oder auch Schenkelweichen - alles Übungen, um die Muskulatur, die das Pferd in Zukunft benötigt, aufzubauen und die Elastizität und die Geschicklichkeit zu fördern. Somit wird das Pferd gelöst und ist vertrauensvoll zur weiteren Mitarbeit bereit.

Zur Lockerung der Rücken- und Halsmuskulatur ist das *„Zügel-aus-der-Hand-kauen-*

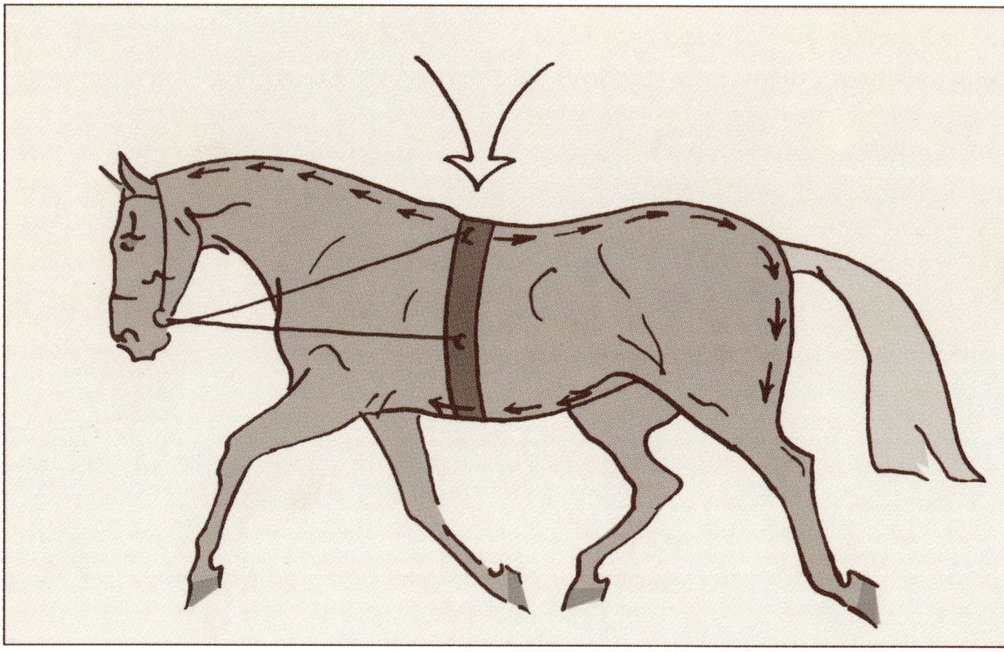

Abb. 17: Richtig! Das Pferd läßt den Rücken los, die oberen Muskelgruppen dehnen sich, während sich die unteren Muskelgruppen zusammenziehen.

lassen" auf einem Zirkel mit einem Durchmesser von 20 m sehr zu empfehlen. Es veranlaßt das Pferd, die obere Muskelgruppe aufzuwölben und sollte als Belohnung nach einer guten Leistung erfolgen. Es ist ausgesprochen nützlich, um das Pferd zu ermutigen, sich bei treibendem Schenkel mit runder Oberlinie an das Gebiß heranzudehnen; ein Zeichen für Vertrauen und für einen gesunden Rücken.

Der sich nach vorwärts-abwärts dehnende Hals wirkt so als „Hebel" und erleichtert dem Pferd das Tragen des Reichtergewichts.

Pferde aller Leistungsklassen (bis hin zum Grand Prix) müssen in der Lage sein, diese elementare Übung im Schritt, Trab und Galopp auszuführen. Sind sie dazu nicht in der Lage, läßt dies auf eine mangelhafte Grundausbildung schließen. Solche Pferde setzen ihren Rücken nicht korrekt ein; sie sind „Schenkelgänger" (siehe auch „Am Kreuz", im Kapitel „An den Hilfen"), in der Dressur absolut unerwünscht. Ein guter Richter wird wissen, wie er dies zu beurteilen hat.

Bleibt ein Pferd mißtrauisch, in ständiger Anspannung, so ist die Ursache hierfür meistens beim Reiter zu suchen. Ängstliche Reiter gehören nicht auf solche Pferde. Sie tragen nur noch mehr zu deren Unsicherheit und Schreckhaftigkeit bei, so daß die Pferde über kurz oder lang überall „Gespenster" vermuten. Für gewöhnlich ergeben sich daraus ernste Probleme, die Pferde weigern sich vorwärtszugehen, gehen rückwärts oder steigen. Auf junge Pferde gehören Reiter, die keine Angst haben und die wissen, wie sie das Pferd davon überzeugen können, vorwärtszugehen. Da Pferde Autorität respektieren, werden sie nach einer Weile auch einwilligen.

Die Lösungsphase

Ein Pferd, das über 20 Stunden im Stall gestanden hat, benötigt eine gewisse Zeit, um seine Muskeln und Gelenke aufzuwärmen und sich physisch und psychisch entspannen zu können.

In der täglichen Arbeit, wie auch in der Vorbereitung für eine Prüfung, folgen wir den Richtlinien des TRAININGSBAUMS. Wir beginnen mit den Elementen der Phase A, gehen dann zu Phase B und, wenn notwendig, zu Phase C über. Es sollte weniger wie Arbeit, sondern eher wie eine Abstimmung der einzelnen Elemente aufeinander anmuten (so wie ein Geiger sein Instrument einstimmt, bevor er seine Kunst darbietet).

Unser erstes Ziel sind ein schwingender Rücken sowie taktmäßige und raumgreifende Bewegungen. Bald wird das Pferd das Gebiß annehmen und seine Bereitschaft zur Zusammenarbeit signalisieren.

Pferde, denen es schwerfällt, sich zu entspannen, sollten zuerst an der Longe gelöst werden, bevor der Reiter aufsitzt.

Unter normalen Bedingungen gibt es hier zu Hause auch kein Problem, da man sich nicht unter Zeitdruck befindet. Die Lösungsphase kann beliebig ausgedehnt werden, bis das Pferd locker und aufmerksam ist. Bei Wettkämpfen ertönt jedoch eine Glocke, die den Reiter zum Betreten des Vierecks auffordert. Aus diesem Grund muß schon im voraus genügend Zeit für die Vorbereitung eingeplant werden.

Was bedeutet jedoch „genügend Zeit"? Dies ist abhängig vom Temperament, Charakter und Ausbildungsstand des Pferdes sowie von der Atmosphäre des Turnierplatzes.

Die Vorbereitung für eine Dressurprüfung kann von 15 Minuten bis zu zwei Stunden und länger dauern. Das Ziel ist *nicht* die ständige Wiederholung der in der Prüfung geforderten Lektionen. Jetzt zählt nur die physische und psychische Entspannung, nur ein gelöstes Pferd wird sich im Viereck auf die Hilfen des Reiters konzentrieren. Bei keiner anderen Sportart verlangt der Trainer, daß sich seine Schützlinge bereits in der Aufwärmphase ernsthaft anstrengen.

Ich meine, daß das Aufwärmen im allgemeinen eher eine Frage von Zeit als von „Kilometern" ist. Ein Pferd, das auf dem Abreiteplatz zehn Kilometer oder noch mehr herumgescheucht wurde, ist vielleicht müde, aber noch lange nicht entspannt und aufnahmebereit für die Prüfung.

Leider kann man auf unseren Turnieren immer noch eine ganze Reihe von Reitern sehen, die auf dem Abreiteplatz die Lektionen der Prüfung immer wieder durchexerzieren und dabei vergessen, worauf es ankommt: Losgelassenheit, Frische, Eleganz. Als Folge sind die Pferde beim Einrei-

Abb. 18: Extrem tiefe Einstellung des Kopfes - um die Rückenmuskulatur zu lockern - führt auf Dauer nur selten zu dem gewünschten Erfolg; meistens büßt das Pferd hierbei Gang und natürliche Frische ein.

ten verspannt und unwillig; sie bewegen sich ungleichmäßig und lustlos.

Vielseitigkeitsreiter benötigen manchmal Stunden, um ihre Pferde zu lösen und für die Prüfung vorzubereiten. Ein temperamentvolles, topfites Vielseitigkeitspferd muß möglicherweise bis zu drei Stunden mit Dingen wie dem wiederholten Ein- und Ausladen aus dem Hänger, Herumführen, kurzen Reitreprisen usw. beschäftigt werden, bis es alles einigermaßen gelassen hinnimmt.

Manchmal kann man erfolgreiche Reiter auf dem Abreiteplatz beobachten, die ihre Pferde extrem tief einstellen. Dazu möchte ich folgendes sagen: Der Pferderücken verbindet die Hinterhand mit der Vorhand. Diese „Brücke" kann unter dem Reitergewicht nur dann funktionieren, wenn die Rückenmuskulatur kräftig genug entwickelt ist und ohne Verspannung arbeitet. Um sicherzustellen, daß das Pferd das Viereck gelöst und gehorsam betritt, *kann* es sinnvoll sein, den Hals des Pferdes für eine begrenzte Zeit extrem stark zu biegen, um Losgelassenheit durch die maximale Wölbung des Rückens zu erreichen (Abb. 18).

Auf diese Weise können schlecht entwickelte Rückenmuskeln gekräftigt oder starke, verspannte Muskeln gelöst werden. Nervöse Pferde lassen sich durch die Monotonie dieser Arbeit beruhigen, da nichts anderes als der Boden zu sehen ist. Dies erfordert jedoch einen gefühlvollen und effektiven Reiter, der sein Pferd dabei auch von hinten heranhalten kann. Solange es ihm gelingt, das Pferd jederzeit wieder aufzurichten (wobei das Genick der höchste Punkt sein muß) und zum aktiven und schwungvollen Untertreten der Hinterbeine zu veranlassen, mag er noch keinen Schaden anrichten. Es muß jedoch dringend davor gewarnt werden, diese Methode als „die moderne Lehre" anzusehen. Das wäre das Ende der klassischen Reitkunst.

Merken wir uns also:

1. Diese Methode sollte auf keinen Fall von Reitern praktiziert werden, die nicht wissen, wie das Pferd mit Hilfe von Kreuz und Schenkel zum vermehrten Untertreten veranlaßt und die Hinterhand aktiviert werden kann.
2. Bei schwachen Reitern treten die folgenden Probleme, die immer wieder beobachtet werden können, auf: Das Pferd geht hinter dem Zügel, ist im Rücken „tot", es geht auf der Vorhand, bleibt in seinen Bewegungen eingeschränkt und tritt nicht unter.
3. Wird das Pferd ständig so zusammengezogen geritten, verliert es nicht nur sein Selbstbewußtsein, sondern auch seinen natürlichen Charme. Dies hat nichts mehr mit klassischer Dressur zu tun!

Lassen Sie mich noch eine weitere Warnung anfügen:

Junge Pferde, die ihren Rücken nicht korrekt einsetzen, müssen „vorwärts-abwärts" geritten werden, damit sie die notwendige Muskulatur entwickeln können (der für eine Reitpferdeprüfung erforderliche Rahmen). Hat das Pferd jedoch gelernt, den Reiter bei steter Verbindung zur Reiterhand problemlos zu tragen, wäre es *falsch*, in dieser Weise (vorwärts-abwärts) weiterzureiten.

Nun ist der Zeitpunkt gekommen, vom Pferd ein verstärktes Untertreten der Hinterhand zu fordern, wodurch es sich vorne etwas mehr aufrichtet (dieser Rahmen entspricht dem A-Niveau), da wir unsere Pferde nicht unnötigerweise „auf der Vorhand" reiten wollen!

Ein Reiter, der nie Gelegenheit gehabt hat, die Wirkung einer halben Parade auf einem gut ausgebildeten Pferd zu erfühlen (siehe auch „am Kreuz", Seite 56) wird sein Leben lang „vorwärts-abwärts" reiten. Das tut dem Pferd zwar nicht weh, verhindert aber mit Sicherheit die volle Entfaltung seiner Möglichkeiten und seiner natürlichen Schönheit.

TAKT

2. ELEMENT DES TRAININGSBAUMS

„Taktfehler wiegen schwer."

Das Pferd soll sich gleichmäßig und taktmäßig bewegen. Dieser Grundsatz ist bei der Ausbildung des Pferdes in jeder Gangart und auf jedem Leistungsniveau stets zu beachten. Keine Dressurprüfung kann als zufriedenstellend bezeichnet werden, wenn sich das Pferd nicht losgelassen und taktmäßig bewegt; selbst die „perfekte Ausführung" einer Lektion kann nicht mit „genügend" bewertet werden, wird sie von einer noch so geringen Taktstörung begleitet. Aus diesem Grund ist auf die „Reinheit der Gänge", gleichbedeutend mit Takt und Gleichmaß, besonderen Wert zu legen, und sie rangiert auch in der „Gesamtbewertung" der von der FEI ausgeschriebenen Dressurprüfungen an erster Stelle.

TAKT (Regularity) bezieht sich auf die *Korrektheit* der Gangart bezüglich seiner Reinheit und dem zeitlichen Gleichmaß der Bewegungen. Taktstörungen können in Lahmheiten oder Verspannungen ihre Ursache haben.

Lahme Pferde gehören nicht auf das Viereck. Verspannungen sollten in den Gesamtnoten erheblich zu Buche schlagen. Im PRIX ST. JAMES (s. S. 125) wird die Gesamtnote für Takt mit zwei multipliziert.

Takt ist dann einwandfrei, wenn ein Metronom darauf abgestimmt werden kann. Bei Tempounterschieden, wie bei Übergängen innerhalb einer Gangart, darf sich der Takt nicht ändern.

Jedes Pferd hat, wenn losgelassen, seinen eigenen, natürlichen Takt. Wir tun gut daran, dem Pferd zu erlauben, in angemessenem Tempo in diesem seinem Takt zu arbeiten. Es ist der beste Weg zu harmonischer Zusammenarbeit. Zudem fördert diese ruhige, konsequente Arbeit in hohem Maße das Reitergefühl.

Den Begriff „Takt" verwendet man bei uns in Deutschland auch bei der *Unterscheidung* der Gangarten, wie z. B.: Der Schritt hat einen Vier-Takt, der Trab einen Zwei-Takt und der Galopp einen Drei-Takt. Der Engländer nennt dieses den „Rhythm" der Gangart. So kann es sein, daß bei gleichbleibenden Takt (Regularity) der Rhythmus nicht stimmt, z. B. bei „gleichmäßiger Unreinheit" des Ganges.

Der Begriff „Tempo" bezieht sich auf Geschwindigkeit (Kilometer pro Stunde). So unterscheiden wir z. B. Arbeitstrab, Mitteltrab, Versammelter Trab und Starker Trab. Alle diese Trabtempi aber haben den gleichen Takt. An dieser Stelle sei gesagt, daß der Ausdruck „verkürztes Tempo" nicht das aussagt, was wir wollen. Er ist irreführend. Ein „Verkürzen" ohne Versammlung ist „Jogging", wie es die Westernreiter mit Vergnügen praktizieren. Das aber wollen wir unseren Pferden gar nicht erst angewöhnen. Wir bleiben also bei dem dressurgerechten „versammelten Tempo".

Der Reiter muß immer einen reinen Rhythmus und klaren Takt anstreben. Vorausgesetzt, das Pferd verfügt über taktreine Grundgangarten und wird vom Reiter in seinem natürlichen Bewegungsablauf nicht behindert, dann werden auch keine Probleme auftreten. Leider ist die Taktreinheit jedoch stark von Sitz und Einwirkungen des Reiters und somit von dessen Gefühl abhängig. Ein Reiter, der über keinen elastischen und ausbalancierten Sitz verfügt, ist nicht in der Lage, die Bewegungen des Pferdes zu erfühlen und behindert somit den taktmäßigen Bewegungsablauf beträchtlich.

Aus diesem Grund ist ein unabhängiger, geschmeidiger Sitz für eine erfolgreiche Ausbildung des Pferdes unerläßlich, und darum sollte ein unerfahrenes Pferd auch nie von einem unbeholfenen Reiter „ausgebildet" werden. Nur aus einem guten Sitz können wirkungsvolle Hilfen gegeben werden.

Ein Reiter, der aus welchem Grund auch immer den Bewegungen des Pferdes nicht folgen kann, kann auch kein Gefühl entwickeln und ist somit auch nicht in der Lage, irgendwelche Korrekturen vorzunehmen. Es ist sinnlos, von einem solchen Reiter lautstark „mehr Bein" zu verlangen - er ist dazu einfach nicht in der Lage. Dies ist auch der Grund, warum gute Reitlehrer so viel Zeit aufbringen, um mit großer Geduld Sitz und Gefühl ihrer Schüler zu verbessern - auf gut ausgebildeten Pferden versteht sich. Denn ein guter Sitz ist ein Kapital fürs Leben, das niemals verloren gehen kann!

Die drei Grundgangarten

Wir wollen uns nun mit den einzelnen Grundgangarten, d.h. mit dem Takt im Schritt, Trab und Galopp beschäftigen. Um die Fußfolge besser verstehen zu können, haben wir die vier Füße numeriert: Hinten links wird als Nr. 1, vorne links als Nr. 2, hinten rechts als Nr. 3 und vorne rechts als Nr. 4 bezeichnet (Abb. 19). (Ich lege Wert darauf, beim Zählen des Taktes mit einem

Abb. 19

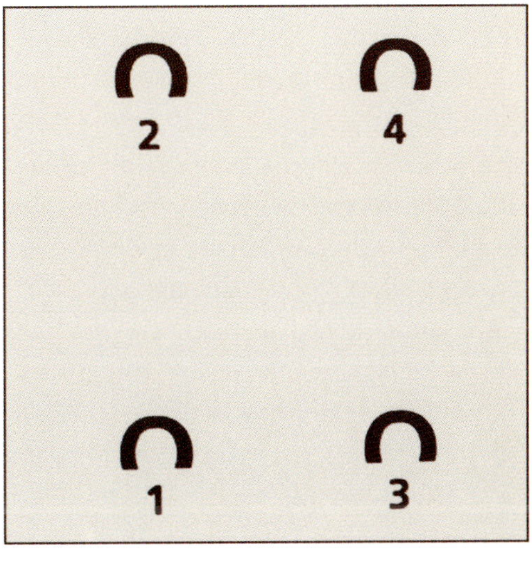

Hinterfuß zu beginnen, da der Antrieb doch von hinten kommt und dies bei der Schenkelhilfe eine große Rolle spielt!). In den schematischen Darstellungen stehen die Kringel für das Auffußen auf dem Boden.

Der **Schritt** ist ein Schreiten im Viertakt. Hören Sie sich die Schritte eines gesunden Pferdes, das sich in seinem natürlichen Tempo auf dem Pflaster bewegt, einmal an. Die Folge der einzelnen Schritte ist gleichmäßig wie ein Uhrwerk (Nr. 1 hinten links, Nr. 2 vorne links, Nr. 3 hinten rechts, Nr. 4 vorne rechts):

O	O	O	O	O	O	O	O	O	O	O	O
1	2	3	4	1	2	3	4	1	2	3	4

Jede Abweichung von diesem Takt sollte uns mißtrauisch machen.

Unter dem Reiter auftretende Verspannungen können zu ernsthaften Problemen im Schritt, wie Schrittverkürzungen, Zügellahmheit oder Paß führen. Jeder Versuch, das Pferd zu früh im Hals zu biegen, resultiert in einer Verkürzung und Verspannung der Schritte. Ein Reiter, der mit den Händen versucht, sein Pferd geradezurichten und ständig an einem Zügel „hängt", wird zum Schluß ein taktunreines, zügellahmes Pferd haben. Das Pferd trifft hierfür keine Schuld, da es der Reiter selbst ist, der ihm dies beigebracht hat. Also müssen zuerst die Gewohnheiten des Reiters korrigiert werden.

Ein grober Fehler im Schritt ist der Paß. Das Pferd hält nicht mehr den klaren Viertakt ein. Akustisch hört sich das so an:

OO	OO	OO	OO	OO	OO
1 2	3 4	1 2	3 4	1 2	3 4

Im schlimmsten Falle ähnelt dieser Paßgang dem eines Kamels, was sich dann wie folgt anhört:

OO	OO	OO	OO	OO	OO
1 2	3 4	1 2	3 4	1 2	3 4

Hier fußt das Pferd mit 1 und 2 sowie mit 3 und 4 fast gleichzeitig auf. Es entsteht fast ein Zweitakt.

Unmusikalischen Menschen mag es schwerfallen, diesen Unterschied zu hören; sie sollten ihn jedoch sehen können.

Es hat einen einfachen Grund, warum das Pferd zum Paßgänger wird. In der Dressur wird ein guter Schritt hoch benotet. Aus diesem Grund möchte man, daß das künftige Dressurpferd im Schritt weit übertritt.

So weit, so gut.

Zweifellos ist ein solcher Schritt ein Geschenk des Himmels und sollte auch wie ein Schatz gehegt werden. Er birgt aber auch Gefahren. So gibt es doch immer Reiter und Ausbilder, die das Pferd in einen „Dressurrahmen" zwängen, für den die physischen und psychischen Voraussetzungen fehlen.

Verletzt man die Richtlinien des TRAININGSBAUMS, so muß man auch den Preis dafür bezahlen, in diesem Fall den Paßgang des Pferdes.

Äußerste Vorsicht ist also bei Pferden angebracht, die von Natur aus einen guten Schritt haben und weit übertreten.

Solche Pferde dürfen im Schritt nicht versammelt werden, bevor sie nicht absolut durchlässig sind. Zur Erinnerung: *Durchlässigkeit* ist das Element Nr. 8, kann also erst im zweiten Ausbildungsjahr erwartet werden!

Der Paß ist eine schlechte Angewohnheit, die nur schwer zu korrigieren ist. Geht das Pferd einmal Paß, muß wieder mit der Lösungsarbeit am langen Zügel begonnen werden. Auch Arbeit auf der Hangbahn (s. S. 114) und Cavallettiarbeit im Schritt bieten sich an. Korrekt ausgeführtes Schenkelweichen ist eine hervorragende Übung, um den reinen Takt im Schritt wiederherzustellen. Nur so können die Verspannungen, die Ursache des Problems, wieder gelöst werden.

Ein schlechter, gebundener Schritt ist nur sehr schwer zu verbessern. Gymnastizierung am langen Zügel kann dazu beitragen, wenn der Reiter die bewegung im Schritt erfühlt und weiß, wie er seine Hilfen darauf abstimmen kann. Das ist Voraussetzung für die Verbesserung jeder Gangart.

Der **Trab** ist eine Bewegung im Zweitakt. Bei korrekter Ausführung werden zwei diagonale Füße mit exakter Regelmäßigkeit und im gleichen Takt vorbewegt und aufgesetzt. Taktfehler sind für gewöhnlich Folge von Verspannungen; hier gilt das gleiche wie für den Schritt. Des weiteren können derartige Verspannungen auch in einer passageartigen Bewegung resultieren, die als Abweichung vom reinen Trab auf keinen Fall akzeptiert werden kann. Die Tritte hören sich im Trab folgendermaßen an:

O	O	O	O	O	O	O	O	O	O	O
O	O	O	O	O	O	O	O	O	O	O
1	3	1	3	1	3	1	3	3	1	3
4	2	4	2	4	2	4	2	2	4	2

Pferde mit einem kurzen, „gebundenen" Trab schwingen infolge mangelhafter Ausbildung nicht im Rücken. Das 1. Element des TRAININGSBAUMS, die *Losgelassenheit*, wurde offensichtlich nicht genügend beachtet.

Der **Galopp** ist eine Bewegung im Dreitakt. Ein Pferd im Rechtsgalopp hört sich folgendermaßen an:

O	O	O	O	O	O	O	O	O
	O			O			O	
1	3	4	1	3	4	1	3	4
	2			2			2	
Es macht **Spaß**			Es macht **Spaß**			Es macht **Spaß**		

Die Betonung liegt auf **Spaß** (4). Darauf folgt die Schwebephase. Die Diagonale innerer Hinterfuß (3) - äußererVorderfuß (2) fußen exakt zur gleichen Zeit auf.

Wie auch im Schritt und im Trab können Verspannungen Taktstörungen verursachen. Der häufigste Fehler ist der sogenannte „Vierschlag", der sich in extremer Form beim Rechtsgalopp folgendermaßen anhört:

O	O	O	O	O	O	O	O	O	O	O	O
1	3	2	4	1	3	2	4	1	3	2	4

Galoppiert das Pferd im „Vierschlag", so fußen die diagonalen Füße 3/2 nicht gleichzeitig. Ferner ist auch die Schwebephase kaum zu erkennen. Die Galoppsprünge sind keine eigentlichen „Sprünge" mehr.

Der „Vierschlag" ist dem Pferd nicht angeboren. Diese schlechte Angewohnheit resultiert aus dem ungenügenden Unter-

Abb. 20: Von Zeit zu Zeit muß auch das künftige Dressurpferd richtig vorwärtsgaloppieren dürfen. Foto: Alan Lang, Chicago

springen der Hinterbeine und mangelndem Schwung. Der Reiter schafft es offensichtlich nicht, genügend Schwung zu entwickeln und hält ein Verkürzen der Sprünge fälschlich für Versammlung. Indem er die Reihenfolge des TRAININGSBAUMS grob mißachtet, „lehrt" der Reiter den versammelten Galopp ohne Schwung und Schwebephase, woraus sich dann der „Vierschlag" ergibt.

Man beachte: Keine *Versammlung* ohne *Schwung* (Element Nr. 10 nach Nr. 9).

Um die Taktreinheit wiederherzustellen, muß der Reiter zunächst einmal seine Bemühungen, „versammelt" zu reiten, einstellen.

Das Pferd muß einen lebhaften Arbeitsgalopp in entsprechendem Rahmen gehen. Sobald der Takt stimmt, können Übergänge zwischen Arbeits- und Mittelgalopp miteinbezogen werden. Keineswegs darf der versammelte Galopp erneut in Angriff genommen werden, bevor der Reiter (auf einem faulen Pferd) gelernt hat, schwungvoll vorwärtszureiten.

Der Vollständigkeit halber sollte auch der Renngalopp nicht unerwähnt bleiben. In diesem hohen Tempo mit einer optimalen Schwebephase greifen die Vorderbeine so extrem weit nach vorne, daß das Auffußen der Diagonalen 3/2 nicht mehr gleichzeitig erfolgen kann.

UNGEBUNDENHEIT (DER GÄNGE)

3. ELEMENT DES TRAININGSBAUMS

„Das Reiten eines Pferdes ist geborgte Freiheit."
(Helene Thomson)

Bevor wir Anlehnung vom Pferd verlangen, müssen wir sicher sein, daß das Pferd in der Lage ist, das Reitergewicht ohne Verspannungen zu tragen, ohne dabei in seinem natürlichen Bewegungsablauf behindert zu sein. Das Pferd muß sich in jeder Gangart losgelassen, taktmäßig und raumgreifend bewegen.

Ungebundenheit (der Gänge) ist somit das 3. Element des TRAININGSBAUMS und rangiert gleich hinter Losgelassenheit und Takt. Damit ist die freie Beweglichkeit der Gliedmaßen einschließlich der Schultern und Hüften, also der Raumgriff der Bewegung gemeint.

Raumgriff hängt eng mit „Gehfreude" („the desire to move forward") zusammen, die auch in der „Gesamtbewertung" der FEI-Dressurprüfungen benotet wird. Um Gehfreude zu demonstrieren, muß das Pferd auch mental frei sein und „vorwärts denken". Ein Eiligwerden im Schritt, Trab oder Galopp hat nichts mit Raumgriff zu tun. Pferde werden aus Furcht, Schmerz, oder einfach weil sie sich unbehaglich fühlen, eilig. In diesem Fall muß der Reiter wieder zu den vorausgegangenen Elementen zurückkehren. Das Pferd kann keinen ungehinderten Bewegungsablauf zeigen, wenn Losgelassenheit und Takt (Elemente 1 & 2) nicht gefestigt sind.

Nach Ansicht des Sporttherapeuten Jack Meagher ist die *freie und leichte Beweglichkeit* der Muskulatur eine absolute physiologische Grundvoraussetzung. „Viele Pferde gehen unter ihren Möglichkeiten, und dies nicht etwa, weil sie lahm sind oder irgendeinen körperlichen Defekt haben, sondern weil durch eine miserable Ausbildung der notwendige synchronisierte Bewegungsfluß verlorengegangen ist. Diese Pferde brauchen einfach einen guten Reiter oder einen erfahrenen Therapeuten, um die blockierten Körperregionen zu ‚befreien'."

Tatsächlich stellt die Ausbildung eines Pferdes auch eine Art Physiotherapie dar, da „diese edle Kunst" (die Dressur) „... einzig und allein das Ziel hat, das Pferd durchlässig, locker, biegsam, willig ... zu machen" (de la Guérinière). Leider gibt es eine ganze Reihe von Reitern, die die Regeln des TRAININGSBAUMS mißachten. Sie beginnen an der Anlehnung „zu arbeiten" (4. Element), noch bevor das Pferd frei vorwärts geht (3. Element). Sie reiten das Pferd nicht von der aktiven Hinterhand „vorwärts" in die passive Hand hinein; sie reiten vielmehr „rückwärts" von der aktiven Hand zur passiven Hinterhand. Dies ist ein grober Fehler, der die natürlichen Grundgangarten ruiniert - angefangen von einer allgemeinen Behinderung der Bewegung bis hin zum Paß, übereilten Trabtritten oder einem Galopp im Viertakt.

Der Gebrauch von Schlaufzügeln, ohne die gleichzeitige Anwendung gekonnter Gewichts- und Schenkelhilfen, gleicht einer Zwangsjacke, die die *Freiheit der Gänge* stark einschränkt. Kein ernstzunehmender Ausbilder wird es zulassen, daß seine Schüler mangelndes reiterliches Können mit dem Gebrauch von Schlaufzügeln ersetzen.

Losgelassenheit, Takt und Raumgriff sind die Grundlage für die *Anlehnung*. Diese vier Elemente bilden den unter Phase A zusammengefaßten Grundstein des Fundaments, den wir für die Festigung des natürlichen Bewegungsablaufs unter dem zusätzlichen Gewicht des Reiters und für den weiteren Weg zum ersten Ausbildungsziel benötigen. Jeder Versuch, Lektionen auf Kosten dieser *Grundelemente* zu reiten, wird letztendlich die Ausstrahlung des Pferdes zerstören und auch in der weiteren Ausbildung Probleme nach sich ziehen.

Die Anlehnung soll bekanntlich *vom Pferd* gesucht und aufrechterhalten werden. Reiter, die mit der Hand ihr Pferd zu „formen" versuchen, mißachten die Regeln des TRAININGSBAUMS. Solche bedauernswerten Pferde bilden dadurch die falschen Muskeln aus und verlieren ihren natürlichen Raumgriff.

Hierin ist auch der Grund dafür zu suchen, warum so viele hochtalentierte (und hochbezahlte) Dressurmodelle frühzeitig verbraucht in der Versenkung verschwinden.

Dressurrichter tragen hier eine besondere Verantwortung. Die „Reinheit der Lehre", - unsere Deutsche Reitlehre -, die aus den Schulen der alten Meister entwickelt wurde und die in aller Welt so eindrucksvolle Erfolge erzielt, sollte immer Richtschnur für ihre Beurteilungen sein. Abweichungen von dieser Lehre müssen erkannt und auch in den Noten gewürdigt werden. Die Möglichkeiten hierfür bieten ja die „Gesamtnoten" am Ende der Prüfung, die m. E. allerdings in ihrer Wertigkeit gegenüber dem „technischen Teil" zu wenig Gewicht haben. Dieses zu korrigieren - der Pferde wegen - sollte ein Anliegen aller sein, die für das Ansehen der deutschen Reiterei Verantwortung tragen.

Der in den USA entwickelte PRIX ST. JAMES, eine kombinierte Dressurprüfung (siehe S. 125), bietet ein Beispiel dafür, wie die zehn Grundelemente der Ausbildung (TRAININGSBAUM) in den Gesamtnoten der Prüfung ihr angemessenes Gewicht haben. Es ist danach nicht möglich, mit einem „abgerichteten Pferd" einen Blumentopf zu gewinnen.

ANLEHNUNG

4. ELEMENT DES TRAININGSBAUMS

„Ohne Verbindung ist keine Verständigung möglich."

Das junge Pferd, das sich taktmäßig und gelöst vorwärtsbewegt, dehnt seinen Hals und wölbt den Rücken. Von den Schenkelhilfen des Reiters ermutigt, wird es bald die angebotene Reiterhand suchen. Normalerweise nimmt das Pferd bereits nach kurzer Zeit das Gebiß an und zum ersten Mal Verbindung zur Reiterhand auf. Die Zügel stehen leicht an. Indem er der leichten Nickbewegung des Halses folgt, entwickelt der Reiter das Gefühl für die Verbindung mit dem Pferdemaul, da Hals-, Genick- und Kiefermuskulatur völlig frei von Verspannungen sind. Die Nase befindet sich leicht vor der Senkrechten, das Maul ist entspannt, die Lippen sind geschlossen und die Zunge liegt unter dem Gebiß. Die Drüsen produzieren den Speichel, der notwendig ist, um das Maul feucht und gefühlvoll zu erhalten.

Indem der Reiter diese stete, weiche Verbindung beibehält, gibt er dem Pferd die Möglichkeit zur ersten Kommunikation. Was ist das doch für ein herrliches Gefühl, wenn das junge Pferd zum ersten Mal versucht, mit seinem Reiter zu kommunizieren! Das Pferd zeigt seine Bereitschaft zur Zusammenarbeit, Voraussetzung für jedes erfolgreiche Training. Vergessen wir nicht, daß dies ein Geschenk ist!

Dieser Zustand sollte nach den ersten Wochen der Ausbildung erreicht werden und später in den täglichen Trainingseinheiten jedesmal aufs neue hergestellt werden. Es ist ein unverzichtbarer Teil der Lösungsphase, unabhängig vom Leistungsstand des Pferdes.

Das Pferd, das zufrieden an der weichen und ruhigen Hand des Reiters steht, nimmt das Gebiß an und behält von sich aus bei lockerem Genick den Kontakt zur Reiterhand. Das Pferd „geht am Zügel" (was noch nicht bedeutet, daß es auch „an den Hilfen steht".

Es fällt den Reitern oftmals schwer, eine weiche Verbindung beizubehalten. Es erfordert einige Zeit, bis sie lernen, mit der Hand „mitzugehen" und zu erkennen, daß „die Hände zum Pferdemaul gehören", und somit unabhängig von den Bewegungen des Reiters sein müssen. Eine weiche Hand hängt von einem elastischen Balancesitz ab. Es wäre sinnlos, den Schüler immer wieder aufzufordern, seine Hände ruhig zu halten, bevor er nicht gelernt hat, ruhig zu sitzen.

Die korrekte Handhaltung (die Hände müssen senkrecht aufgestellt werden, so daß die Handflächen beim Öffnen der Faust vom Reiter zu sehen sind) ist Voraussetzung für eine geschmeidige Hand, die einfühlsam den Bewegungen des Pferdemauls folgt.
In diesem Zusammenhang gefällt mir der von Sally Swift in ihrem Buch „Centred Riding" („Reiten aus der Körpermitte") aufgeführte Vergleich von zwei kleinen Vögeln, die der Reiter in der Hand hält, ohne ihnen weh zu tun oder sie davonfliegen zu lassen.

Niemals darf die Anlehnung durch die aktive Reiterhand (ein weit verbreiteter Fehler!) gewonnen werden. Die Hand darf nur auf die treibenden Gewichts- und Schenkelhilfen reagieren, da wir das ganze Pferd, nicht nur seinen Hals, formen möchten.

Das gelöste und sich frei bewegende Pferd, das den Rücken „hergibt", gibt auch im Genick nach und wird die angebotene Zügelverbindung annehmen.

Aus diesem Grund ist die gewünschte Halshaltung das Resultat der richtigen Anwendung des Konzepts vom TRAININGSBAUM.

Junge Pferde bewegen sich mehr oder weniger schief. Dies ist auch der Grund, warum sie oftmals einen Zügel besser als den anderen annehmen. In den meisten Fällen belasten sie die linke Schulter und legen sich auf den linken Zügel.

Oft kann man dann beobachten, wie der Reiter, im Bemühen, das Pferd geradezurichten, am linken Zügel zieht, mit dem Ergebnis, daß das Pferd den Kopf schiefhält und der Körper eine S-Form annimmt. In diesem Stadium der Ausbildung sollten wir uns noch keine Sorgen um das Geraderichten des Pferdes machen.

Wir sollten vielmehr zunächst bemüht sein, eine gleichmäßige *beidseitige* Zügelverbindung herzustellen - unabhängig davon, welche Kopfhaltung das Pferd hat - und dem Pferd die Bedeutung der Gewichts- und Zügelhilfen beizubringen.

Später muß das Pferd dann lernen, sich in seinem ganzen Körper zu biegen, um sich stets auf *einem* Hufschlag fortzubewegen. Auf diese Weise kann die Schubkraft von den Hinterbeinen durch das ganze Pferd nach vorne fließen.

So wird die erste Verbindung zwischen der Hinterhand und der Reiterhand hergestellt. Der Reiter bekommt das Gefühl, das rechte Hinterbein in seiner rechten und das linke Hinterbein in seiner linken Hand zu spüren.

Um so weit zu kommen, bringen wir dem Pferd - mit viel Geduld - bei, die von Kreuz, Schenkeln und Händen ausgehenden Signale zu verstehen, so daß es innerhalb des ersten Ausbildungsjahres lernt, „an den Hilfen" zu stehen und somit die Voraussetzungen für das so wichtige „Geraderichten" mitbringt.

Die Anlehnung wird durch das Geraderichten noch verbessert: Je konstanter sich das Pferd auf einem Hufschlag fortbewegt, desto besser kann der Reiter die Schubkraft der Hinterhand in seiner Hand spüren, d.h., je gerader das Pferd ist, desto gleichmäßiger ist auch die Anlehnung.

Sobald das Pferd an den Hilfen steht, kann man die Anlehnung überprüfen, indem man während einiger Tritte oder Sprünge mit den Zügeln allmählich nach vorwärts-abwärts nachgibt - bei tiefem Sitz und treibenden Schenkelhilfen.

Wie von zwei Stöcken vorwärts-abwärts geschoben, dehnt sich der Hals in die gewünschte Richtung, wobei eine ununterbrochene Verbindung zum Pferdemaul aufrechterhalten wird. Das Pferd bleibt *am Zügel* und faßt dieses Sich-Streckenlassen als Belohnung auf, wodurch es sich auch entspannt (Abb. 21).

Durch diese Übung, die in der berühmten Deutschen Kavallerieschule in Hannover praktiziert wurde, lernt das Pferd, den Rücken aufzuwölben (die „Bogenbrücke", die Hinterhand und Vorhand verbindet).

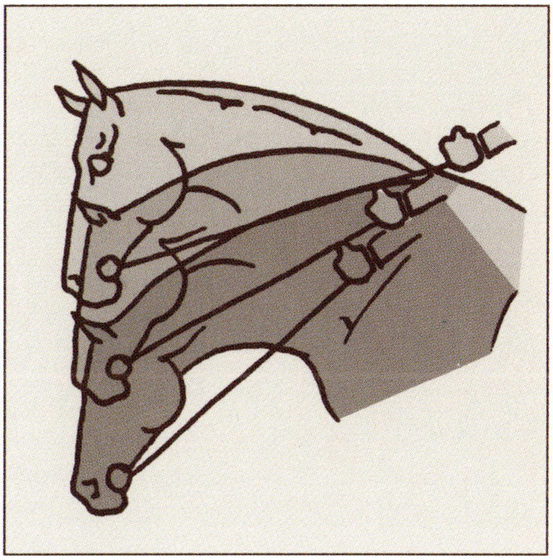

Abb. 21: Richtig! Das Pferd darf als Belohnung den Hals nach vorwärts-abwärts dehnen.

Abb. 22: Falsch! Das Pferd streckt zwar den Hals, jedoch ohne Anlehnung und Verbindung zur Hinterhand; somit kommt auch keine Rückenwölbung zustande. Die „Bogenbrücke" bricht durch.

Hiervon profitiert man auch in der späteren Ausbildung über Sprünge (Basküle).
In vielen Springprüfungen kann man jedoch leider eine ganze Reihe von Pferden sehen, die mit Sicherheit nicht auf diese Weise trainiert wurden.
Die obige Übung ist auch eine gute Vorbereitung für das „Zügel-aus-der-Hand-kauen-lassen", eine außerordentlich nützliche Grundübung!

Folgt das Pferd der Reiterhand bei gleichmäßiger Verbindung nicht vorwärts-abwärts, so muß man davon ausgehen, daß sich das Pferd im Rücken nicht losläßt. In diesem Fall muß der Reiter dem Pferd „den Weg in die Tiefe" zeigen, eine sehr nützliche Übung auf dem Zirkel. Reiter, die nicht in der Lage sind, „das Pferd in die Tiefe zu reiten", können für einen begrenzten Zeitraum Schlaufzügel verwenden.

Ein guter Reiter wird dieses Hilfsmittel allerdings nicht benötigen.

Wer nicht treiben kann, kann das Pferd auch nicht „rund" erhalten. Anstatt daß das Pferd zur Lockerung der Rückenmuskulatur sich nach vorwärts-abwärts streckt, *zieht* es die Zügel ruckartig aus der Hand und streckt die Nase nach vorne. Die „Bogenbrücke" bricht durch und das Pferd eilt mit hastigen und ungleichen Tritten völlig verspannt und völlig aus dem Takt geraten davon (Abb. 22).

Nachdem das junge Pferd für eine bestimmte Zeit in der gewünschten Anlehnung gearbeitet hat, hat es eine Pause verdient. Lassen Sie die Zügel aus der Hand kauen, klopfen Sie es am Hals und reiten Sie in freiem Schritt am langen Zügel. So kann sich die Muskulatur erholen, und das Pferd ist für weitere Arbeit wieder bereit.
Reiterfehler führen dazu, daß das Pferd:

· über dem Zügel geht
· hinter dem Zügel geht
· gegen die Hand geht
· mit dem Kopf schlägt
· sich auf den Zügel legt
· das Maul öffnet oder „versetzt"
· sich im Hals verwirft
· nur einen Zügel annimmt
· mit den Zähnen knirscht
· die Zunge heraufzieht
· die Zunge herausstreckt
· die Zunge über das Gebiß nimmt

All diese Abwehrreaktionen gegen ungeschicktes Reiten sind fast immer Antworten auf einen mangelhaften Sitz und eine gefühllose Hand. Lassen Sie uns daher nicht den Fehler machen, die Schuld für ein „hartes Maul", ein „steifes Genick" oder andere „schlechte Angewohnheiten" beim Pferd zu suchen! Vielmehr sollten wir zur Einsicht gelangen, daß all diese Reaktionen einen guten Grund haben. Hier zeigt das Pferd doch nur, woran es beim Reiter noch fehlt. Seien wir also dankbar für solche Mitteilung; wie anders könnten wir uns im Reiten verbessern?

Aus diesem Grund legt der erfahrene Ausbilder größten Wert auf die Erlernung eines tiefen Sitzes und der richtigen Schenkellage, *bevor* er seine Schüler eine Anlehnung herstellen läßt.

„AN DEN HILFEN"

5. ELEMENT DES TRAININGSBAUMS

„Die Hilfen sollen dem Pferd ermöglichen, sich in seiner ganzen Schönheit zu präsentieren."

Am Ende des ersten Jahres hat das Pferd Phase A der Grundausbildung absolviert und sollte nun „an den Hilfen" stehen. Das Pferd „reagiert nun sofort und willig auf alle Hilfen, nimmt die Anlehnung an und behält die Verbindung zur Reiterhand bei" (USDF-Handbuch für Richter). In anderen Worten: das Pferd ist *am Kreuz, am Schenkel und am Zügel.*

Wilhelm Müseler veröffentlichte in seiner berühmten Reitlehre das Bild eines „an den Hilfen" stehenden Pferdes. Ein solches Bild gibt es jedoch eigentlich nicht.

Die Bedeutung des Ausdrucks „das Pferd steht an den Hilfen" kann nicht aus einem Bild erkennbar sein, da dort immer nur ein bestimmter Augenblick festgehalten wird. Die wirkliche Bedeutung wird nur in der gemeinsamen Arbeit von Pferd und Reiter deutlich. Das Kriterium hierfür ist die freiwillige Unterordnung des Pferdes, das sich losgelassen, taktmäßig und raumgreifend in voller Harmonie mit dem Reiter bewegt.

Bevor ich auf Einzelheiten eingehe, möchte ich die folgende allgemeine Bemerkung machen: Die Hilfengebung ist nur dann effektiv, wenn sie in Einklang mit dem Bewegungsablauf des Pferdes erfolgt. Die Fähigkeit, die Bewegungen zu erfühlen und die Kreuz-, Schenkel- und Zügelhilfen stets zum richtigen Zeitpunkt und nahezu unsichtbar anzuwenden, wird als „Feingefühl des Reiters" bezeichnet. Wir nennen das kurz: „Reitertakt".

Abb. 23 : "Das an den Hilfen stehende Pferd".

Volle Harmonie
zwischen Reiter und Pferd ...

Die Entwicklung dieses Reitergefühls ist die größte Herausforderung für einen guten Reitlehrer.

Was bedeutet nun aber am Kreuz, am Schenkel und am Zügel? Im folgenden wird auf diese drei Punkte näher eingegangen.

„Am Kreuz"

Das Pferd steht *am Kreuz*, wenn es willig auf das vermehrte „senkrechte Anstellen des Kreuzes" des Reiters reagiert. Dies setzt einen tiefen Dressursitz des Reiters voraus (Der Ausdruck „korrekter Sitz" ist in meinen Augen etwas unglücklich, da er leicht mit Steifheit in Verbindung gebracht werden könnte), der es ihm ermöglicht, in jeder Situation harmonisch mit den Bewegungen des Pferdes mitzugehen.

Der Reiter sitzt richtig, wenn er ausbalanciert und dynamisch, ohne steif oder verspannt zu sein, im Sattel „klebt" und so die „Wellen" des elastisch schwingenden Pferderückens spürt und sich von ihnen „mitnehmen" läßt.

„Ohne Spannung" darf nicht mit „wackelig" verwechselt werden: Der Reiter muß zwar locker sitzen, seinen Körper aber gestrafft und stets gut unter Kontrolle haben. Das Kreuz ist der Schlüssel zu einer gefühlvollen Reitweise; es ist das Bindeglied zwischen Schenkeln und Zügeln, damit die Hilfen klarer und eindeutiger werden.

Ein gut ausgebildetes Pferd ist ein *„Rückengänger"*, d.h., „der Rücken schwingt elastisch in der Bewegung mit; dies gilt besonders für den Trab", somit können Schubkraft und Schwung entwickelt werden.

Das - unerwünschte - Gegenteil ist der *„Schenkelgänger"*, der im Rücken nicht schwingt und bei dem der Anschein entsteht, als ob der Rücken nichts mit dem restlichen Bewegungsablauf zu tun hätte. Ein solches Pferd ist nicht „am Kreuz", d.h., der Reiter kann auf seine Kreuzhilfe keine Reaktion erwarten.

Eine ganze Anzahl von Pferden kann als *Schenkelgänger* bezeichnet werden, da ihnen nie beigebracht wurde, über den Rücken zu gehen. Es bedarf eines guten Reiters, um so etwas zu korrigieren.

Dem Anfänger sollte ein *Rückengänger* zur Verfügung gestellt werden, der sich harmonisch im Gleichgewicht bewegt und von dessen schwingendem Rücken „Wellen" ausgehen. In einem sehr ruhigen und kontrollierten Trab kann sich der Reiter entspannen und lernen, seinen Sitz den Schwingungen des Rückens anzupassen (in die Bewegung einzugehen). Sobald der Reiter gelernt hat, sich auszubalancieren, ohne mit den Beinen zu klammern, wird er in der Lage sein, mit den „Wellen" im Arbeitstrab mitzugehen. Dagegen kann niemand das Aussitzen auf einem Pferd mit einem verspannten Rücken erlernen.

Wie bereits erwähnt, möchte ich hier nicht detailliert auf Themen eingehen, die man überall in der Reitliteratur nachlesen kann. Lassen Sie mich nur noch das folgende sagen: Ein guter Sitz setzt auch eine normale Atmung voraus. Der Kopf darf nicht herunterhängen. Er wird frei nach oben getragen, und die Augen starren nicht auf einen Fleck (die Pferdeohren), sondern nehmen das gesamte Blickfeld wahr.

Kreuzeinwirkungen bedürfen der Unterstützung durch die Schenkel.

Der Sitz kann passiv (indem er einfach nur der Bewegung folgt), oder aktiv sein (indem ein vermehrtes Untertreten der Hinterhand gefordert wird). Dieses „Anstellen des Kreuzes" kann leichter (was wünschenswert ist), oder auch stärker (wenn notwendig) ausfallen. Der Reiter kann aus dem Kreuz heraus als Belohnung „nachgeben", oder aber „disziplinierend" als Antwort auf einen Ungehorsam einwirken (das Pferd fügt sich so selbst einen „Rüffler" im Rücken zu). Der Sitz kann die „Wellen" des Rückens stark beeinflussen. Im Zusammenwirken mit Schenkel- und Zügelhilfen ist er der Schlüssel zur Verlängerung der Tritte und zu allen Übergängen. Ein Pferd, das aufgrund einer mangelhaften Ausbildung keine „Schwingungen" im Rücken erzeugt, neigt dazu, einfach eiliger zu werden, anstatt seine Tritte zu verlängern, was als schwerwiegender Fehler zu bewerten ist (Abb. 24).

Abb. 24: Das Verlängern der Tritte bedeutet ein Verlängern der Schwingungen des Rückens. Hier werden fünf Tritte im Arbeitstrab (oben) und das Verlängern der Tritte (unten) gezeigt. Das Pferd ist „am Kreuz", die Frequenz der Tritte (Takt) bleibt unverändert.

In der Reitliteratur gibt es viele Veröffentlichungen über den Sitz des Reiters sowie über Schenkel- und Zügelhilfen, jedoch kaum etwas darüber, wie der Reiter mit Kreuz und Gesäß auf das Pferd einwirken kann. Unter den Autoren gibt es offensichtlich nur sehr wenige, die selbst schon einmal verspürt haben, wie sich ein williger Rücken anfühlt und wie sehr die Hilfengebung verfeinert werden kann, sobald das Pferd „am Kreuz" steht.

Selbst in den höheren Dressurprüfungen kann man manchmal Reiter beobachten, die zwar eine hochbenotete Piaffe und Passage zeigen, den starken Trab aber nicht aussitzen können. Die Pferde sind im Rücken verspannt und somit keinesfalls angenehm zu sitzen. Es entwickeln sich keine „Schwingungen", und die Verstärkungen scheinen für Pferd und Reiter (wie auch für den Betrachter) gleichermaßen zur Qual zu werden.

„Schenkelgänger" sind unzufrieden und mit Sicherheit nicht „bequem zu sitzen" (de la Guérinière). Sehen wir in den höheren Klassen Pferde mit Rückenverspannungen, so ist das Zeichen einer *äußerst mangelhaften Grundausbildung* und somit ein Verstoß gegen die Prinzipien der klassischen Dressur. Gute Richter wissen, wie sie dies zu bewerten haben ...

Der starke Trab muß einen Höhepunkt der Dressurprüfung darstellen. Nach den versammelten Lektionen ist es für das Pferd eine *Befreiung*, vorwärts zu *„fliegen"*. Der Reiter, der mit den „Wellen" mitschwingt, läßt einfach die Bewegungen des Pferdes heraus. Daran wird jeder, ob Pferd, Reiter, Richter oder Zuschauer, seine Freude haben.

Voraussetzung für jede Gewichtshilfe ist die Fähigkeit, in jeder Gangart mit den Bewegungen mitzugehen, wobei der Schwerpunkt des Reiters mit dem des Pferdes übereinstimmen muß (unabhängig davon, ob der Reiter den „Dressursitz", „Entlastungssitz" oder den „Leichten Sitz" einnimmt oder über ein Hindernis springt).

Ist dies nicht der Fall, wird das Pferd das im Rücken spüren und entsprechend reagieren. Ältere Schulpferde, die schon viele Anfänger getragen haben, ignorien diese Hilfen meistens (um zu „überleben"), während noch unerfahrene Pferde davon oftmals irritiert werden. Ein guter Reiter kann ein solches Problem in ein paar Minuten lösen.

Geht der Reiter nicht mit den Bewegungen mit, so ist dies für das Pferd äußerst störend, da der Reiter so zu einer zusätzlichen Last wird, die es „mitzuschleppen" gilt. Aus diesem Grund gehört auch zum *passiven* Sitz eine gewisse Kreuzeinwirkung, um mit dem Pferd mitgehen zu können, anstatt einfach nur „geschleppt" zu werden.

Die Kreuzeinwirkung ist unsichtbar. Sie wird nicht effektiver, indem man mit dem Gesäß im Sattel vor und zurück rutscht (als ob man einen Schlitten in Bewegung setzen möchte) oder den Oberkörper vor- oder zurücklehnt, einer der häufigsten Fehler.

Die Einwirkung kommt zustande, indem der Reiter die Basis des Sitzes (das Dreieck, bestehend aus den Gesäßknochen und dem Spalt) vertieft und nach vorne schiebt, ohne diese (die Basis) durch Abkippen des Beckens zu verändern, während der Körper aufgerichtet und das Bein gestreckt bleibt. Kopf hoch, Knie tief, Absatz tief (s. den Richtungspfeil auf Abb. 26). Auf keinen Fall darf der Reiter hierbei *hinter* den Gesäßknochen zu sitzen kommen, da er hiermit die Basis des Sitzes aufgeben würde. Eine wirkungsvolle Hilfe aus dem Kreuz wäre dann nicht mehr möglich. In der gesamten Reitliteratur existieren nur wenige nützliche Beschreibungen über die Anwendung der Gewichtshilfen aus dem Kreuz heraus.

Am besten kann dieses „Anstellen des Kreuzes" gelehrt werden, indem der Schüler auf einen Schemel, ein Faß oder eine Holzkiste von entsprechender Größe gesetzt wird. Er muß, wie auf dem Pferd, seine Gesäßknochen belasten, wobei das Gesäß „geöffnet" ist und die Absätze fest am Boden haften (Abb. 25).

Werfen wir nun einen Blick auf Abb. 26. Hier weiß der Reiter, *was* er tun soll, nämlich das Faß zum Kippen bringen. Es muß niemandem vorher extra beigebracht werden, welche Muskeln auf welche Weise anzuspannen sind, dies ist überhaupt keine Frage. Ohne Schwierigkeiten und langes Nachdenken findet der Schüler von ganz alleine heraus, wie das Faß zu kippen ist. Er kippt es einfach durch entsprechendes Vorschieben seines „Sitzdreiecks", wobei er unbewußt die in Frage kommenden Muskeln anspannt. Wird dem Schüler bewußt, wie er sein Kreuz einzusetzen hat, um das Faß zu kippen, kann er diese Methode auch auf seinen Sitz im Sattel übertragen. Außerdem wurde ihm klar daß das Faß, nicht ohne festen Halt mit den Beinen zu haben, gekippt

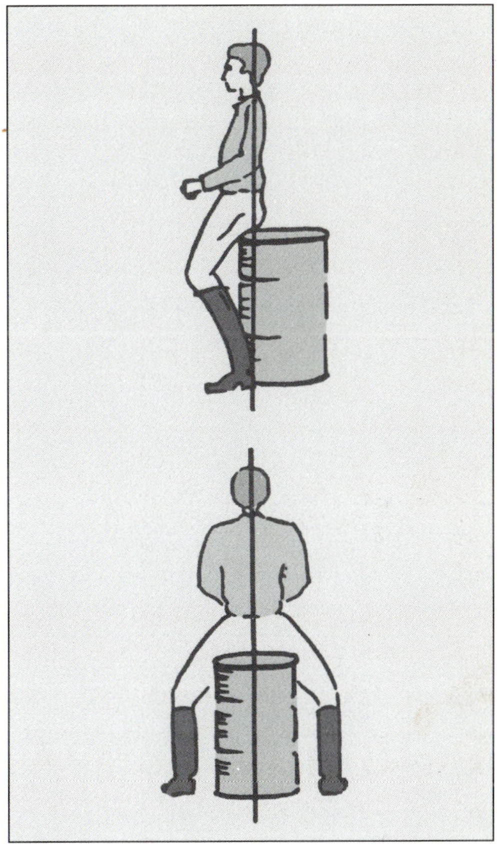

Abb. 25: Hier wird der Sitz des Reiters auf einem Faß demonstriert.

werden kann. Im übertragenen Sinn bedeutet dies, daß zum Anstellen des Kreuzes auch die Einwirkung mit dem Schenkel gehört.

Der Reitlehrer kann durch leichten Druck mit den Fingerspitzen dazu beitragen, daß der Schüler den Grad der Kreuzeinwirkung beim Kippen des Fasses variieren kann; dies ist äußerst hilfreich für eine feine Abstimmung der Hilfen zur **Ausführung einer wirksamen halben Parade**. Diese wichtigste Hilfe als Schlüssel für gefühlvolles Reiten wird von nun an nicht mehr in „geheimnisvolles Dunkel" gehüllt sein.

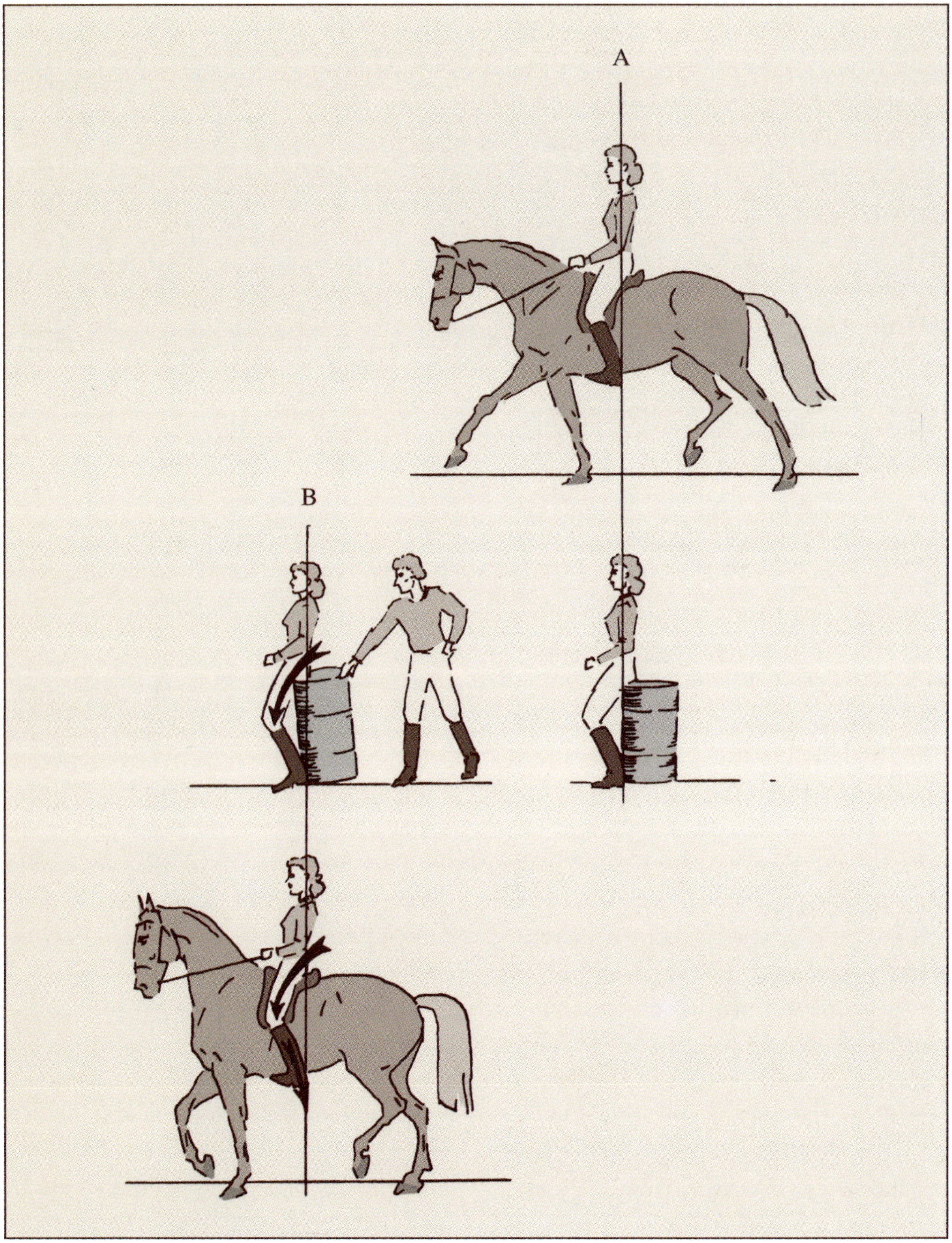

Abb. 26: Das Einwirken mit dem Kreuz.
A - Der klassische Dressursitz, der in die Bewegungen des Pferdes eingeht.
B - Durch das „Kippen des Fasses", d.h. durch das „Anstellen des Kreuzes", wird im Verein mit dem sicher plazierten Unterschenkel die Hinterhand vermehrt aktiviert (Schwung, Versammlung). Man beachte den Pfeil vom Kreuz der Reiterin zu ihrem Absatz. Er deutet die Richtung der Einwirkung an.

Abb. 27: Bei diesem Reiter ist das bekannte Abkippen des Beckens nach hinten zu erkennen (ein sehr häufig auftretender Fehler). Der Reiter „spannt das Kreuz an" (ein Ausdruck mit verheerenden Folgen!) und sitzt hinter den Gesäßknochen. Dadurch wird er im Rücken rund, der Kopf hängt nach vorn und die Effektivität der Schenkelhilfen läßt nach. Dieses Foto wurde von J. Melissen während einer Europameisterschaft (!) aufgenommen.

So brauchen wir uns nun nicht länger damit aufzuhalten, welche Muskeln bei der Einwirkung mit dem Kreuz betätigt werden müssen. Denken wir einfach an das Kippen des Fasses oder eines Schemels - und das kann doch jeder. Zugegeben: Es bedarf schon eines „gerittenen" Pferdes, um die Reaktion im Sattel zu erleben. Zu diesem in der Ausbildung des Reiters so entscheidend wichtigen Punkt lassen Sie mich folgendes anmerken:

Wilhelm Müseler verwendet in seiner berühmten, in zehn Sprachen übersetzten **Reitlehre** den Begriff „Kreuzanspannen". Dieses wurde in der weit verbreiteten englischen Übersetzung mit „Bracing the Back" bezeichnet. Die Vorstellung, daß hier etwas „angespannt" werden sollte, hat, mit den dazugehörigen Skizzen über das Abkippen des Beckens nach hinten, über Jahrzehnte hinaus weltweit in Reiterkreisen zu Mißverständnissen, Ratlosigkeit und Konfusion geführt. Es ist dabei schon erstaunlich, daß bis heute von keiner offiziellen Position aus hierzu je Stellung genommen wurde.

Die Übung mit dem Faß ist auch deshalb besonders lehrreich, weil der Schüler so nicht in Versuchung kommt, das „Kreuz anzuspannen" und das Becken nach hinten abzukippen, wodurch er *hinter den Gesäßknochen* zu sitzen käme - ein *grober Fehler*, den man jedoch selbst bei erfahrenen Reitern häufig beobachten kann. Der

Rücken wird steif und somit auch gefühllos; die Knie werden hochgezogen. Um das Durchgeschütteltwerden abzumildern, zieht der Reiter das Genick ein und kompensiert die Bewegungen mit dem Kopf (Abb. 27).

Das gut ausgebildete Pferd reagiert auf das Anstellen des Kreuzes mit verstärkter Aktivität der Hinterhand. Der Reiter bekommt das Gefühl, diese Aktivität vorne mit der Hand aufzufangen. Auf diese Weise wird das Kreuz zum Bindeglied zwischen Zügel- und Schenkelhilfen, deren Wirksamkeit wiederum von einem guten Sitz abhängt.

Weiß der Reiter einmal, wie er die Hinterhand durch Anstellen des Kreuzes aktivieren kann, wird er dies auch auf den Entlastungssitz oder den Leichten Sitz übertragen können. Andererseits werden Reiter, die von Beginn an immer nur im Leichten Sitz geritten sind, große Schwierigkeiten haben, die Kreuzeinwirkungen zu begreifen.

Wie schon erwähnt, hängt die Wirksamkeit der halben Parade von der Fähigkeit des Reiters ab, sein Kreuz richtig einzusetzen. Je genauer ihm bewußt ist, wie er die treibenden Gewichts- und Schenkelhilfen mit den Zügelhilfen zu koordinieren hat, desto besser wird die halbe Parade ausfallen.

„Am Schenkel"

Das „an den Hilfen" stehende Pferd steht *am Kreuz, am Schenkel und am Zügel.*

Wir wissen, daß der Sitz die Verbindung zwischen Schenkel- und Zügelhilfen herstellt. Die Fähigkeit, mit der Bewegung mitzugehen oder, nach Bedarf, das Kreuz anzustellen, macht den Sitz zum Schlüssel für das Koordinieren von Schenkel- und Zügelhilfen.

Aufgrund der treibenden Schenkelhilfen des Reiters fließt Energie durch das Pferd, es geht vorwärts und tritt an das Gebiß heran. Durch den Sitz werden die *treibenden Schenkelhilfen* auf die *„empfangende"* Hand übertragen.

Wenden wir uns nun dem Begriff *„am Schenkel"* zu. Das Pferd ist am Schenkel, wenn es auf die Schenkelhilfen sofort willig reagiert. Da die Verständigung mit dem Pferd von den Schenkeln des Reiters ausgeht, kommt den Schenkelhilfen eine wichtige Rolle zu. Das junge Pferd sollte die Bedeutung dieser Hilfen baldmöglichst erlernen.

Im täglichen Umgang mit dem jungen Pferd bieten sich viele Gelegenheiten, ihm beizubringen, auf eine Berührung oder einen leichten Druck mit den Fingern, ungefähr 30 cm hinter dem Ellbogen, zu reagieren. Ist es im Stall angebunden, können wir es auf diese Weise zur Seite treten lassen. An der Longe ist es die Peitsche, die dem jungen Pferd anzeigt, vorwärts oder seitwärts zu treten.

Wenn man ein junges Pferd reitet, sollte man immer eine kurze Gerte tragen, um ihm zu lehren, auf die Schenkelhilfen zu reagieren. Grobe Schenkelhilfen, wie „dem Pferd in die Rippen zu treten" können nicht als „Hilfe" bezeichnet werden, sie sind nur Beweis für eine unzureichende Ausbildung und schlechte *Horsemanship*. Ein kurzes Antippen mit der Gerte - unmittelbar hinter der Wade - wird das Pferd veranlassen, auf den Schenkel zu achten. Um Eindruck auf das Pferd zu machen, muß das Antippen sofort erfolgen, im richtigen Moment und in angemessener Stärke.

Die Gerte an sich sollte strapazierfähig und nur wenig elastisch sein sowie eine Länge von 120 cm nicht überschreiten. Besonders lange Gerten können eventuell von einem erfahrenen Helfer am Boden als Hilfsmittel verwendet werden. Durch ihre größere Labilität ist ihre Wirkung aus dem Sattel jedoch meist verzögert, was auf das Pferd eher irritierend wirkt.

Andererseits muß das Pferd lernen, auf die Schenkel und nicht nur auf die Gerte zu reagieren. Das Pferd muß stets „vor dem Schenkel" sein, bereit, vorwärtszugehen (dies gilt auch für das Halten und für das Rückwärtsrichten). Oftmals denke ich als Zuschauer auf dem Abreiteplatz: je länger die Gerte, desto ärmer der Reiter.

In diesem Zusammenhang möchte ich auch auf den Gebrauch der Sporen eingehen.

Der Sporn ist **nicht** dazu da, das Pferd vorwärts zu treiben! Diese Aufgabe kommt dem Schenkel zu. Der einzige Grund für den Gebrauch des Sporns ist, das Pferd „aufzuwecken" - zu disziplinieren -, sollte es unachtsam sein, damit es wieder auf den Schenkel reagiert. Zu diesem Zweck muß der Sporn kurz, aber intensiv eingesetzt werden, um das Pferd davon zu überzeugen, willig auf ein „Zeichen" der Wade zu reagieren. Auf diese Weise bringen wir dem Pferd bei, „vor dem Schenkel" zu sein und aus eigenem Antrieb vorwärtszugehen. „Gehfreude" ist ein Bewertungskriterium in den FEI-Prüfungen.

Ein Beispiel: Das Pferd ignoriert die Hilfen zum Angaloppieren. Es wäre falsch, es jetzt mit den Sporen anzutreiben, da es höchstwahrscheinlich nur mit übereilten Tritten reagieren würde. In diesem Fall muß es durch ein energisches Einsetzen des Sporns aufgeweckt werden, um seine Bereitschaft, auf die Hilfen zu achten, wiederherzustellen. Danach „erlaubt" man dem Pferd durch bloßes Andeuten der Hilfe anzugaloppieren. Mißbrauch des Sporns ist unreiterlich.

Ständiges Bohren mit dem Sporn führt dazu, daß das Pferd abstumpft und stur wird. Reiter, die versuchen, ihre Pferde durch körperlichen Einsatz in Schwung zu bringen, wissen oftmals nicht, wie sie ihre Schenkelhilfen mit der Bewegung der Hinterhand in Einklang bringen müssen. Das Pferd kann die Schenkelhilfen nur verstehen, wenn sie mit seinem Bewegungsablauf übereinstimmen. Ist dies nicht der Fall, bleiben sie ohne Wirkung, und der Reiter wird nach einiger Zeit größerer körperlicher Anstrengung erschöpft sein. Das ist mit Sicherheit nicht der Weg, ein Pferd auszubilden! Umgekehrt sollte es richtig sein: Der Reiter übernimmt das Denken - das Pferd macht die Arbeit.

Versagt der Reiter hier, so zieht das oftmals schwerwiegende Probleme nach sich. Hat das Pferd erst einmal gelernt, wie es sich durch Ignorieren der Schenkelhilfen entziehen kann, werden auch bald andere Widersetzlichkeiten folgen.

Nicht die körperliche Kraft ist ausschlaggebend, um die Zusammenarbeit des Pferdes zu erwirken, sondern der Respekt, den das Pferd demjenigen Reiter entgegenbringt, der es durch sein Können zu überzeugen vermag. Ein solcher Reiter weiß, wie er das Pferd an den Hilfen behält, er besteht auf exakter Arbeit und läßt das Pferd nicht mitdenken. Er weiß aber auch, wieviel er verlangen kann und belohnt das Pferd bei jeder erbrachten Leistung.

Besonders schenkelempfindliche Pferde wollen „umfaßt" werden; sie brauchen einen sehr ruhigen und bestimmenden Schenkel. Das Pferd muß den Schenkel akzeptieren, bevor der Reiter es an den Zügel reiten kann.

Genau wie die Gewichts- und Zügelhilfen müssen auch die Schenkelhilfen den Bewegungen des Pferdes angepaßt sein. Das Pferd kann ein Zeichen des Schenkels nur dann verstehen (und darauf reagieren), wenn es kurz vor dem Abfußen des entsprechenden Hinterfußes gegeben wird. Auch die Reaktion auf eine Sporen- oder Gertenhilfe kann nur dann verstanden werden, wenn sie auf den Bewegungsablauf abgestimmt ist. (Wir wollen *mit* dem Pferd, nicht *gegen* das Pferd arbeiten.)

Im allgemeinen kann man über die zeitliche Abstimmung der Hilfen sagen, daß der rechte Schenkel mit dem rechten Hinterfuß und der linke Schenkel mit dem linken Hinterfuß des Pferdes kommunizieren. Dies mag zwar einfach klingen, es erfordert jedoch viel Übung, um ein Gefühl für das korrekte „Timing" zu bekommen.

Leider gibt es eine ganze Reihe von Reitern, die noch nie davon gehört haben (oder denen es einfach egal ist), ihre Hilfen mit den Bewegungen des Pferdes abzustimmen; für gefühlvolles Reiten ist es aber absolut unerläßlich! Da sie permanent *gegen das Pferd* arbeiten, gebrauchen sie Kraft und werden nie die gewünschte Harmonie erreichen. Die meisten Verspannungen, Taktfehler und Widersetzlichkeiten resultieren nur aus dieser Tatsache. Der gefühlvolle Reiter weiß jedoch, wie er seine Hilfen mit den Bewegungen des Pferdes in Einklang bringen muß; er reitet *mit* dem Pferd und kann es beflügeln zu „fliegen".

Da die falsche Anwendung der Schenkelhilfen ein relativ häufiges Problem darstellt, ist es wichtig, zunächst einige Prioritäten zu klären.

Das Wichtigste ist, daß sich die Schenkel ruhig und sanft an den Pferdekörper *anschmiegen*; Voraussetzung hierfür ist ein tiefer Sitz.

Das Pferd muß sich zwischen den Schenkeln sicher und *geborgen* fühlen, wie ein Kind, das Angst hat und von seinem Vater an die Hand genommen wird.

Zum Zweiten dienen die Schenkel, in Zusammenwirkung mit den Zügeln, als *Begrenzung*, um das Pferd auf gerader oder gebogener Linie zu halten. Mit Ausnahme der Seitengänge sollte sich das Pferd immer auf *einem* Hufschlag bewegen - wie ein Zug auf den Schienen. Auf dieses Thema wird in Zusammenhang mit dem *Geraderichten*, dem 6. Element des TRAININGSBAUMS, noch näher eingegangen.

Zum Dritten sorgen die Schenkel für die Aktivität der Hinterbeine, die wie ein Motor als treibende Kraft wirken. Das gut ausgebildete Pferd geht aus eigenem Antrieb vorwärts. Den Schenkeln fällt dann nur noch die Aufgabe zu, es *gerade* zu halten und *Rhythmus* und *Schwung* sicherzustellen.

Die Schenkelhilfen sollten nahezu unsichtbar sein.

Voraussetzung für korrekte Schenkelhilfen ist die richtige Lage der Unterschenkel, ausgehend von einem gut ausbalancierten Sitz - sei es dem Dressur-, Entlastungs- oder dem Leichten Sitz. Wenn die Schenkel das Pferd sanft umschließen (der Druck darf nicht stärker sein, als wolle man eine Postkarte zwischen Wade und Pferdeleib halten) und in allen Gangarten, bei gleichmäßigem Druck, ruhig anliegen („mitatmen"), wird das Pferd auf jede kleine Veränderung des Schenkeldrucks oder der Schenkellage reagieren.

Die Lage der Unterschenkel hängt von der beabsichtigten Wirkung ab.

Der *am Gurt* liegende Schenkel hat die Funktion, das Pferd vorwärtszutreiben und die Hinterhand zu aktivieren, oder als Eckpfeiler für die seitliche (Rippen-) Biegung zu dienen.

Der *knapp hinter dem Gurt* (ungefähr eine halbe Handbreit) liegende Schenkel hat eine seitwärts treibende Funktion, wie beispielsweise beim Schenkelweichen oder der Vorhandwendung (als innerer Schenkel).

Der *eine Handbreit hinter dem Gurt* liegende Schenkel wirkt verwahrend. Er verhindert, daß das Pferd mit der Hinterhand ausfällt und „aus den Schienen" gerät.

Das sichtbare Umlegen des Unterschenkels ist genauso unschön wie jede deutlich sichtbare Hilfengebung. Je ruhiger Sitz und Schenkellage des Reiters und je dezenter die Hilfen, desto eher wird das Pferd reagieren. (Wenn es laut ist, muß man schreien, wenn es ruhig ist, kann man flüstern, um gehört zu werden.)

Zum Thema Steigbügel möchte ich folgendes bemerken:

Das Reiten ohne Bügel ist für die Erlangung eines guten Sitzes unabdingbar. Jeder Reiter - ungeachtet seines Ausbildungsstandes - sollte die Bügel ab und zu überschlagen, um seine Beine zu strecken. Um jedoch mit „unsichtbaren" Hilfen auf ein gut ausbalanciertes Pferd einwirken zu können, benötigt der Reiter die Steigbügel, da schon eine minimale Verstärkung des Drucks des Fußes auf dem Bügel eine Reaktion des Pferdes herausfordern sollte. Voraussetzung für diese subtile Hilfe ist ein federndes Fußgelenk und ein gefühlvoller, zugleich aber auch sicherer Kontakt mit dem Steigbügel.

Die Länge der Steigbügel hängt sowohl von der Beinlänge des Reiters als auch vom Leibesumfang des Pferdes ab. Je größer der Umfang, desto länger müssen die Bügelriemen sein. Wichtig ist, daß der Reiter einen guten Sitz beibehalten und das Pferd problemlos mit der Innenseite von Oberschenkel, Knie und Wade umfassen kann. Der Fuß sollte nicht mit aller Gewalt parallel zum Pferdeleib eingedreht werden (ein häufig anzutreffender Fehler), da dadurch nur das Fußgelenk steif würde und so das notwendige Gefühl verlorenginge. Der Fuß kommt durch die richtige Lage des Oberschenkels am Sattel (Die Kniescheibe muß gerade nach vorn zeigen) unbewußt in die richtige Position. Die oft zu hörende Korrektur „Fußspitzen nach vorn" führt zu Versteifungen. Besser: „Kniescheibe nach vorn".

Eine gute Übung, dem jungen Pferd die *Schenkelhilfen* beizubringen, ist das Schenkelweichen.

So wird die Bedeutung des *inneren* und *äußeren* Schenkels eingeführt. Auch für den Anfänger ist es eine vorzügliche Übung, um mit der korrekten Anwendung der Schenkelhilfen und ihrer zeitlichen Abstimmung auf den Bewegungsablauf des Pferdes (Timing) vertraut zu werden.

Später kann zu diesem Zweck hierbei auch die Vor- oder sogar die Hinterhandwendung eingeschlossen werden.

Beides sind ausgezeichnete Lektionen, um entweder einem unerfahrenen Pferd (mit einem erfahrenen Reiter) oder einem unerfahrenen Reiter (mit einem erfahrenen Pferd) die Bedeutung des *inneren* und *äußeren* Schenkels beizubringen.

Die Qualität des Ausbilders zeigt sich darin, daß das junge Pferd diese Übungen korrekt, d.h. losgelassen, an den Hilfen stehend, geradegerichtet, in korrekter Stellung, taktmäßig ausführt - es muß ohne Zögern, frei von Verspannungen und ohne Widersetzlichkeiten auf die mit Schenkeln und Zügeln gegebenen *Zeichen* reagieren. Dem richtigen Timing ist hier besondere Aufmerksamkeit zu schenken.

In Zusammenhang mit den Begriffen *am Kreuz* und *am Schenkel* möchte ich nochmals auf den Begriff *am Zügel* zurückkommen. Auf dieses Thema wurde bereits in dem Kapitel über „Anlehnung" (4. Element des TRAININGSBAUMS) genauestens eingegangen, ich möchte aber in diesem Zusammenhang nochmals kurz auf die wichtigsten Punkte eingehen.

„Am Zügel"

Das am Zügel stehende Pferd hat eine stete, elastische, aber auch sichere Verbindung zur Reiterhand, der Hals ist gedehnt und kann jederzeit nach vorwärts-abwärts verlängert, verkürzt oder nach den Seiten gebogen werden. Die Nase bleibt dabei jeweils annähernd in der Senkrechten.

Die nahezu unsichtbaren Zügelhilfen erfolgen durch leichtes „Ausdrücken" und Entspannen der leicht geschlossenen Hand, die im Gelenk locker bleiben muß.

· Es gibt vier verschiedene Zügelhilfen: „nachgebende", „annehmende", „verwahrende" und „durchhaltende".

· „Nachgeben" ist nur möglich, wenn eine Anlehnung besteht.

· Das „Annehmen" darf nur in Verbindung mit den entsprechenden Schenkelhilfen erfolgen.

· Die „verwahrende" Zügelhilfe sorgt dafür, daß das Pferd auf gerader oder gebogener Linie nicht mit der Schulter ausfällt und auf einem Hufschlag bleibt.

· Die „durchhaltende" Zügelhilfe wird angewandt, um das Pferd (in Verbindung mit vortreibenden Kreuz- und Schenkelhilfen)

„durchzutreiben", damit es im Genick nachgibt, Voraussetzung für ein Hergeben des Rückens.

· Eine „weiche" Verbindung bedeutet nicht, daß der Zügel durchhängt. Die Elastizität der Armgelenke (Schulter, Ellbogen, Handgelenk) sorgen dafür, daß die Zügel wie zwei Stäbe anstehen.

· Die Zügelhilfen müssen stets in Verbindung mit Gewichts- und Schenkelhilfen erfolgen. Sie dürfen nie vorherrschend sein.

· Die Hände fangen die treibenden Schenkelhilfen auf.

· Auch Zügelhilfen sind auf die Bewegungen des Pferdes abgestimmt. Sehr vereinfacht kann man sagen: Der rechte Zügel ist für den rechten Hinterfuß, der linke Zügel für den linken Hinterfuß verantwortlich. Dies klingt zwar logisch, ist jedoch nicht einfach und erfordert jahrelange Praxis.

· Sämtliche Bemühungen zur Verbesserung der Anlehnung müssen von Kreuz und Schenkeln ausgehen.

· Das ausbalancierte Pferd benötigt den Zügel nicht als Stütze.

· Zur Überprüfung von Anlehnung und Geraderichtung können die Zügel (knapp über dem Widerrist) in eine Hand genommen werden. Wenn das Pferd hierbei in Gang und Haltung keine Veränderung zeigt, ist der Reiter auf dem rechten Wege. Macht sich dagegen das Pferd vom Zügel frei, muß der Reiter sich eingestehen, mit Hilfe der Hände das Pferd balanciert zu haben.

Abb. 28: „Zügel-aus-der-Hand-kauen-lassen" - die Verbindung zum Pferdemaul bleibt bestehen.

Abb. 29 a: Das Pferd ist etwas hinter der Senkrechten, die Anlehnung ist jedoch erhalten geblieben. Es ist nicht „hinter dem Zügel".

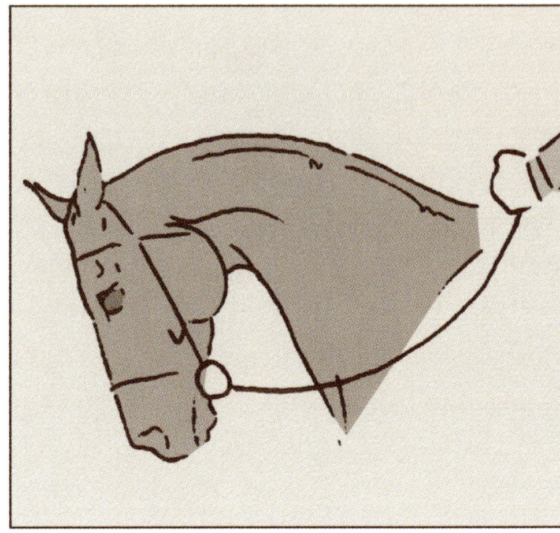

Abb. 29 b: „Hinter dem Zügel", ein schwerwiegender Fehler. Es besteht keine Anlehnung, das Pferd zeigt keine Aktivität der Hinterhand.

· Das „Zügel-aus-der-Hand-kauen-lassen" ist auch hier hervorragend zur Überprüfung von Losgelassenheit und Anlehnung geeignet. Dem Pferd sollte innerhalb des ersten Jahres der *Grundausbildung* beigebracht werden, der vorwärts-abwärts führenden Hand in allen drei Gangarten zu folgen, wie wenn es von zwei Stöcken „geschoben" würde.

Wir wissen nun, daß das Pferd *an den Hilfen* steht, wenn es gleichermaßen *am Kreuz, am Schenkel* und *am Zügel* steht, und daß gute Hilfen nahezu unsichtbar sind.

Unsichtbare Hilfen setzen voraus, daß der Reiter den richtigen Zeitpunkt zu erkennen vermag, damit das Pferd sie auch „verstehen" kann. Auf diese Weise kann jedem Pferd beigebracht werden, feinfühlig auf die Hilfen zu reagieren.

Denken wir daran: Es ist einfacher, mit einem Pfund Gehirnmasse umzugehen, als mit tausend Pfund Muskelmasse! Und es ist wesentlich einfacher, einen neuen Gedanken im Gehirn zu verwurzeln, als einen alten zu verdrängen. Pferde respektieren einen erfahrenen und konsequenten Reiter, der zwar viel verlangt, jedoch auch weiß, wann es Zeit ist, aufzuhören.

Bei manchen Pferden kann es zur Lockerung der Rückenmuskulatur sinnvoll sein, sie für eine gewisse Zeit sehr tief einzustellen, d.h. die Nase etwas hinter die Senkrechte kommen zu lassen. Solange das Pferd dabei immer noch das Gebiß annimmt, schadet dies nicht (Abb. 29 a). Weicht das Pferd jedoch mit dem Hals nach rückwärts aus und entzieht sich somit der Reiterhand, so ist es nicht am Zügel, sondern *hinter dem Zügel*, ein gravierender Fehler (Abb. 29 b).

Wann immer sich Probleme mit der Anlehnung einstellen, müssen zunächst Sitz und Schenkelhilfen überprüft werden. In den meisten Fällen mangelt es am Sitz, wodurch die Schenkelhilfen vom Pferd nicht verstanden werden können.

Der richtige Sitz ist eben doch Voraussetzung für eine gleichmäßige und gefühlvolle Verbindung zwischen Reiterhand und Pferdemaul. Gewichts- und Schenkelhilfen haben stets Vorrang vor den Zügelhilfen. Die Hände haben die Aufgabe, die Hilfen aufzufangen; sie sollten eher zum „Nachgeben" als zum „Annehmen" bereit sein. Nachgeben kann man jedoch nur, wenn eine Anlehnung überhaupt besteht.

Am Ende dieses Kapitels möchte ich noch folgendes hinzufügen:

Das Pferd *„an die Hilfen"* zu stellen, ist nicht einfach nur ein körperlicher Vorgang, auch die innere Einstellung spielt eine Rolle. Das Pferd muß die Bedeutung der Hilfen *verstehen.*

Dies erfordert Zeit und Vertrauen zum Reiter. Nur ein losgelassenes Pferd, das sich taktmäßig und raumgreifend bewegt, bringt auch die innere Bereitschaft mit, die „unsichtbaren" Zeichen von Kreuz, Schenkeln und Händen umzusetzen.

GERADERICHTUNG

6. ELEMENT DES TRAININGSBAUMS

„Richte dein Pferd gerade und reite es vorwärts."
(Gustav Steinbrecht)

Gegen Ende des ersten Jahres der *Grundausbildung* muß das junge Pferd an den Hilfen stehen. Das Pferd hat - mehr oder weniger perfekt - gelernt, auf die Gewichts-, Schenkel- und Zügelhilfen zu reagieren und sollte in der Lage sein, eine Dressurprüfung der Klasse A einigermaßen ordentlich zu absolvieren. Auch das Reiten im Gelände, wozu das Springen kleiner Hindernisse und Gräben gehört, sollte keine Schwierigkeiten bereiten.

Auf diese Weise ist das junge Pferd physisch und psychisch für seine weitere Ausbildung zur Klasse L gut vorbereitet. Treten keine unvorhergesehenen Komplikationen auf, so sollte dieses Niveau gegen Ende des zweiten Ausbildungsjahres erreicht werden. Dann müßte das Pferd in der Lage sein, eine Dressurprüfung der Klasse L ordentlich zu absolvieren und erfolgreich in der Klasse A zu sein.

Im zweiten Jahr der *Grundausbildung* kommen einige faszinierende Elemente hinzu. Da das Pferd bereits *an den Hilfen* steht, festigen und verbessern wir die vorangegangenen Elemente in unserer täglichen Arbeit, wobei wir allmählich auch die *geraderichtende Arbeit* mit einbeziehen.

Durch das Zusammenwirken von Schenkeln und Zügeln - verbunden durch den Sitz - spüren wir, daß eine Verbindung zwischen Hinterhand und Pferdemaul möglich ist. Diese Verbindung kann jedoch nicht perfekt sein, da sich das Pferd, bedingt durch seine *natürliche Schiefe*, noch nicht gerade bewegt.

In der Reitliteratur existieren genügend Theorien und Erklärungen bezüglich der natürlichen Schiefe des Pferdes; aus diesem Grund wollen wir dieses Thema hier nicht vertiefen. Ich möchte nur das folgende bemerken: So wie die meisten Menschen „Rechtshänder" sind, so sind die meisten Pferde „Rechtsfüßer", d.h. der rechte Hinterfuß ist kräftiger als der linke. Diese Eigenschaft ist ein Geschenk der Natur, die es dem Pferd ermöglicht, bei Gefahr „auf der Stelle" (nach links) abzuwenden und zu fliehen. Aus diesem Grund fällt es dem Körper leichter, sich nach rechts als nach links zu biegen. Schiefe Pferde haben immer die Möglichkeit, sich den Hilfen zu entziehen.

Es ist schwierig, sie „einzusperren", da sie oft „einen Fuß in der Tür behalten".

Ein paar Beispiele:

· Die meisten Pferde neigen dazu, - als „Rechtsfüßer" -, nach links wegzuspringen, wenn sie irgendwo „Gespenster" sehen. Es ist der rechte Hinterfuß, der den Körper von der Gefahr wegkatapultiert.

· Rechtsfüßige Pferde, die zum Scheuen neigen, suchen - und finden - „Gespenster" meistens auf ihrer rechten Seite. Sie nutzen ihre Schiefe als Schutz, indem sie Hals und Körper nach rechts biegen, in ständiger Bereitschaft, nach links auszuweichen. Es macht diesen Pferden oftmals gar nichts aus, an denselben Gegenstände (wie Richterhäuschen oder Blumengebinde am Rande des Dressurvierecks) von der anderen Seite her vorbeizugehen, da es ihnen schwerer fällt, nach rechts als nach links auszubrechen.

· Auch bei der Springausbildung kann man oft beobachten, daß ungehorsame Pferde meistens links am Sprung vorbeilaufen.

· Weigert sich ein Pferd hartnäckig vorwärtszugehen, so wird es versuchen, nach links auszuweichen; zwingt man es dann rechts zu wenden, wird es wahrscheinlich steigen.

· Da den meisten jungen Pferden Linkswendungen leichter als Rechtswendungen fallen, beginnen wir unsere tägliche Trainingsstunde auf der linken Hand.

· Auch die Arbeit an der Longe sollte auf der linken Hand begonnen werden.

· Voltigieren und die meisten Zirkusdarbietungen finden auf der linken Hand statt.

In den ersten Monaten der Ausbildung müssen wir mit der natürlichen Schiefe des

Abb. 30: „Das Gespenst im Gebüsch..."

Pferdes leben. Bevor das Pferd nicht *an den Hilfen* steht, haben wir gar nicht die Möglichkeit, es geradezurichten, ohne dabei Widerstand und Verspannungen auszulösen. Gegen Ende des ersten Jahres wird das junge Pferd die Hilfen jedoch allmählich verstehen und auch immer besser auf sie reagieren.

Die *Grundausbildung* hat ein Pferd zum Ziel, das „bequem zu reiten" ist (de la Guérinière), sich in Harmonie mit dem Reiter befindet und sowohl in seiner Seiten- wie in seiner Längsachse ausbalanciert ist. Dazu gehört die Fähigkeit des Pferdes, sich mühelos auf einem Hufschlag zu bewegen, die Hinterfüße folgen den Spuren der Vorderfüße, sowohl auf gerader wie auch auf gebogener Linie. Ein Pferd, das, unabhängig von seinem Leistungsstand, nicht absolut gera-

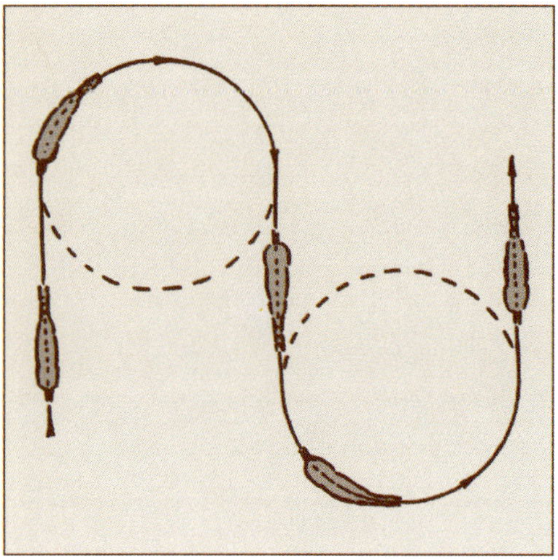

Abb. 31: Das geradegerichtete Pferd läßt sich nach beiden Seiten gleichermaßen biegen.

degerichtet ist, weist Mängel in der Ausbildung auf. Das korrekt geradegerichtete Pferd hat keine „gute" oder „schlechte" Seite, sondern ist auf beiden Seiten gleichermaßen geschmeidig.

„Reite dein Pferd vorwärts und richte es gerade", lautet die Maxime des deutschen Reitmeisters Gustav Steinbrecht (1808-1885). Sein Buch **Gymnasium des Pferdes** kann als „Bibel" der Deutschen Dressurausbildung bezeichnet werden. Sein Grundsatz klingt einfach und logisch; um ihm aber folgen zu können, müssen wir zunächst die Frage beantworten: „Wann ist das Pferd geradegerichtet?" Die Erklärung im USDF-Handbuch für Richter ist sehr umfangreich, daher möchte ich es vereinfachend folgendermaßen ausdrücken: *Das Pferd ist geradegerichtet, wenn es sich auf beiden Seiten gleichermaßen biegen läßt.*

Dabei ist es in der Lage, seinen Körper geraden wie auch gebogenen Linien anzupassen. Bei einem gut ausbalancierten Pferd genügen dazu die leisesten Hilfen.

Die Fähigkeit, mit Vorder- und Hinterfüßen auf einem Hufschlag zu gehen, hat für die noch ausstehenden Elemente 7, 8, 9 und 10 des TRAININGSBAUMS größte Bedeutung. *Balance, Durchlässigkeit, Schwung* und *Versammlung* können nur erreicht werden, wenn das Pferd geradegerichtet ist.

Lassen Sie uns nun einen Blick auf Abb. 32 werfen. Sie zeigt einen Zug, der sich auf Schienen bewegt, genau wie das Pferd in Abb. 31. Die Waggons werden von einer

Abb. 32: Das geradegerichtete Pferd bewegt sich wie ein von hinten geschobener Zug „in den Schienen", so daß die vom "Motor" ausgehende Schubkraft nach vorne geleitet wird.

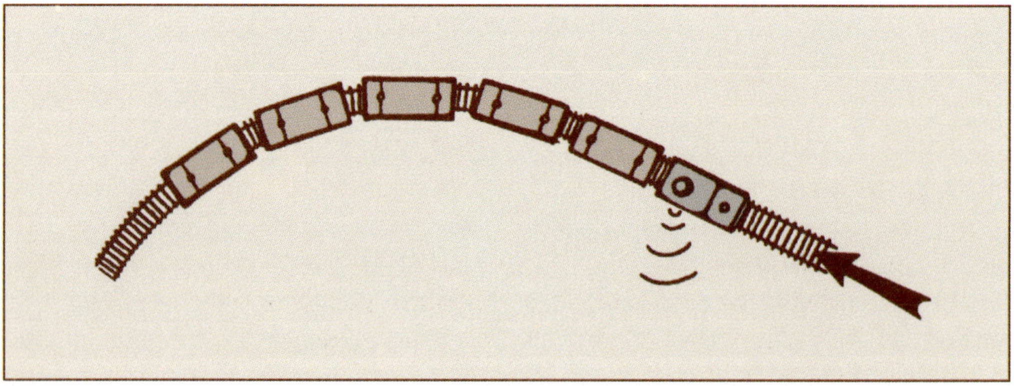

Lokomotive am hinteren Ende des Zuges auf den Schienen vorwärtsgeschoben.

Vergleichen wir die Eisenbahnwaggons mit der Wirbelsäule des Pferdes und die Lokomotive mit seiner Hinterhand, so erkennen wir, daß die Schienen notwendig sind, damit der Motor die gesamte Energie sowohl auf geraden wie auch auf gebogenen Linien nach vorne fließen lassen kann. Die Schenkel und Zügel des Reiters stellen diese Schienen dar, so daß das Pferd seinen Motor (die Hinterhand) ohne Energieverlust einsetzen kann.

Liegen die Schienen nicht richtig, entgleist der Zug. Liegen die Schienen des Reiters (Schenkel und Zügel) nicht richtig, so „entgleist" auch das Pferd, d.h. es kommt mit den Vorder- oder Hinterbeinen aus der Spur. Dies ist ein gravierender Fehler und hat nichts mit Seitengängen, die in diesem Ausbildungsstand noch nicht relevant sind, zu tun.

Wie erreichen wir die GERADERICHTUNG ?

Wie bereits erwähnt, bewegt sich die Mehrzahl der Pferde von Natur aus mehr oder weniger schief. Die meisten machen sich auf der rechten Seite hohl, was fälschlicherweise manchmal als „gute" Seite bezeichnet wird.

Tatsächlich ist die hohle Seite jedoch die „schlechte" Seite! Das Pferd macht sich rechts hohl, indem es die Muskeln auf dieser Seite festhält. Als Folge legt es sich auf die linke Schulter und nimmt den rechten Zügel nicht an.

Geraderichtung bedeutet nichts anderes, als *das Pferd dazu zu bringen, die Muskeln auf der rechten Seite loszulassen und zu dehnen, damit es den rechten Zügel annimmt*. Bei einer vorhandenen Schiefe nach links gilt das gleiche für die linke Seite.

Voraussetzung für jede geraderichtende Arbeit sind - wie immer - ein guter Sitz und effektive Schenkelhilfen. Die Schenkel treiben; die Hände nehmen auf und regulieren Takt und Tempo! Unruhige Hände stören den Bewegungsfluß und führen dazu, daß sich das Pferd entzieht, sei es durch Probleme im Maul, Zähneknirschen, Verwerfen im Genick, oder durch Ausweichen mit Schulter oder Hinterhand.

Ein guter Sitz sorgt für ruhige Hand- und Schenkelhaltung, die „Schienen", in denen sich das Pferd bewegt. Auf diese Weise kann der Reiter das Pferd ausbalancieren und es auf geraden und gebogenen Linien geradehalten. Die „Schienen" verhindern ein Ausfallen der Schultern oder der Hinterhand. Der Reiter kann so jeden „Entziehungsversuch" des Pferdes im voraus fühlen und entsprechend reagieren. Effektive Hilfen sind unsichtbar!

Dies kann auch mit dem Versuch verglichen werden, einen langen Stab auf der Hand zu balancieren. Anfangs wird man durch vermehrtes Hin- und Herbewegen der Hand nachhelfen müssen. Hat man einmal ein Gefühl für das Ausbalancieren bekommen, kann man, schon bevor der Stab überhaupt zu kippen droht, (beinahe unsichtbar) eingreifen.

In diesem Stadium der Ausbildung gibt es viele Übungen zur Geraderichtung, wie das Reiten auf geraden und gebogenen Linien, einfache Schlangenlinien und Schlangenlinien durch die Bahn, Zirkel und Volten. Die Wirksamkeit dieser Übungen hängt jedoch von ihrer korrekten Ausführung ab. *Reitern, die nicht um eine präzise Ausführung der Hufschlagfiguren bemüht sind, mangelt es an der nötigen Selbstdisziplin für die Ausbildung eines Pferdes.*

Hufschlagfiguren sind ein wichtiges Hilfsmittel in der Ausbildung von Pferd und Reiter; sie dienen gleichsam der Kontrolle unserer Arbeit.

Die geraderichtende Arbeit erfolgt je nach Bedarf vermehrt auf der linken oder rechten Hand. Pferde, die sich ungern links biegen, müssen vermehrt auf der linken Hand gearbeitet werden. Um Widersetzlichkeiten zu vermeiden und das Pferd dabei nicht zu überfordern, muß äußerst sorgfältig vorgegangen werden.

Das Reiten auf dem 20-m-Zirkel ist am besten dazu geeignet, das Pferd mit der Längsbiegung vertraut zu machen. Auf der nur leicht gebogenen Linie kann das Pferd sich mühelos bewegen und die notwendige Muskulatur aufbauen. Allmählich wird das Pferd auch auf einem 15-m-Zirkel und später auf einer 10-m-Volte „in der Spur" bleiben.

Das bis Klasse L ausgebildete Pferd kann eine 8-m-Volte ausführen. Die 6-m-Volte ist der kleinste Kreis, den ein Pferd auf einem Hufschlag beschreiben kann. Diese starke Längsbiegung sollte vom Pferd nicht verlangt werden, bevor es nicht bis zur Klasse M ausgebildet ist. Der dem Ausbildungsstand angemessene Durchmesser einer Volte ist auf dem Viereck auch Maßstab für das Reiten der Ecken (siehe Abb. 54).

SCHENKELWEICHEN
- eine elementare Übung

So wie die Vorhandwendung ist auch das Schenkelweichen für Dressurpferde, die der Grundausbildung entwachsen sind, *keine* empfehlenswerte Übung. Hierfür gibt es zwei Gründe: a) Die Übung widerspricht dem Prinzip, „die Vorhand auf die Hinterhand einzustellen", und b), das Pferd wird aufgefordert, sich vom Schenkel wegzubewegen, anstatt mehr unterzutreten.

In der *Grundausbildung*, vor allem in Phase B, ist das Schenkelweichen jedoch sehr zu empfehlen, da es eine lösende und geraderichtende Übung ist, die viel Gefühl für das Zusammenwirken der Hilfen erfordert.

Ferner ist diese Lektion sowohl für das junge Pferd unter einem erfahrenen Reiter wie auch für den Anfänger auf einem erfahrenen Pferd äußerst lehrreich, da durch sie das Gefühl für die Koordination der Hilfen entwickelt wird. Zumindest *ein* Partner muß jedoch wissen, was zu tun ist; ansonsten endet das Ganze im Chaos.

Da das Pferd beim Schenkelweichen die Beine kreuzt, wird keine Schubkraft erzeugt. Dies kann bei einem Pferd, das sich taktun-

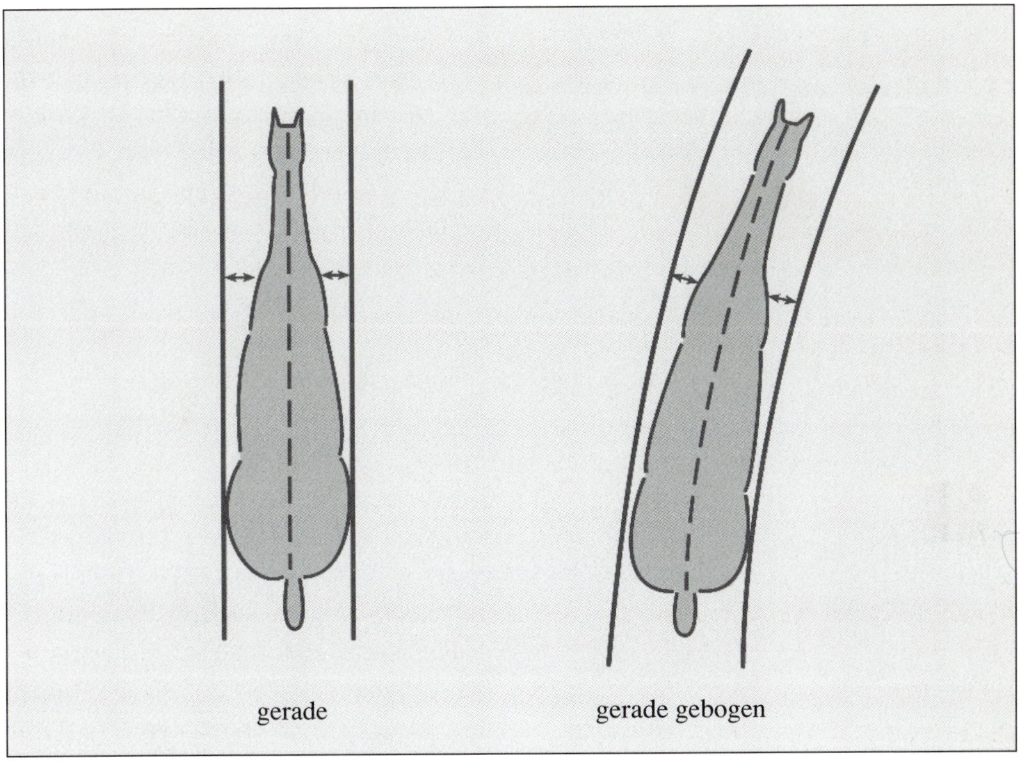

Abb. 33: Das geradegerichtete Pferd „in den Schienen". Man beachte die gleichmäßigen Abstände der Schultern zu den „Schienen".

rein bewegt und davoneilen möchte, von Nutzen sein. Indem wir es zum Kreuzen der Beine auffordern, bremsen wir diese Energie, so daß das Pferd wieder besser auf die Hilfen für einen ruhigen und gleichmäßigen Gang achtet.

Jede Lektion dient einem bestimmten *Zweck*. Je besser die Lektion ausgeführt wird, desto besser erfüllt sie ihren Zweck. Folglich erreichen wir mit dem Schenkelweichen nur dann das gewünschte Ergebnis (Losgelassenheit und Geraderichtung), wenn wir diese Übung auch korrekt ausführen.

Beim Schenkelweichen bewegt sich das Pferd auf zwei Hufschlägen vorwärts-seitwärts in einem Winkel von ca. 40° zum Hufschlag. Das Pferd weicht entweder dem linken oder dem rechten Schenkel (aus).

Beim *Schenkelweichen rechts* bewegt sich das Pferd vom rechten Schenkel nach *links*; beim *Schenkelweichen links* vom linken Schenkel nach *rechts*. Weicht das Pferd dem rechten Schenkel, so ist die rechte Seite die „innere Seite"; weicht das Pferd dem *linken* Schenkel, so ist die linke Seite die „innere Seite". Das Pferd ist gelöst und bewegt sich taktmäßig und raumgreifend, in gleichmäßigem Takt mit konstanter Anlehnung zur Reiterhand. Es ist geradegerichtet, der Kopf ist leicht nach innen gestellt. Das Pferd ist an

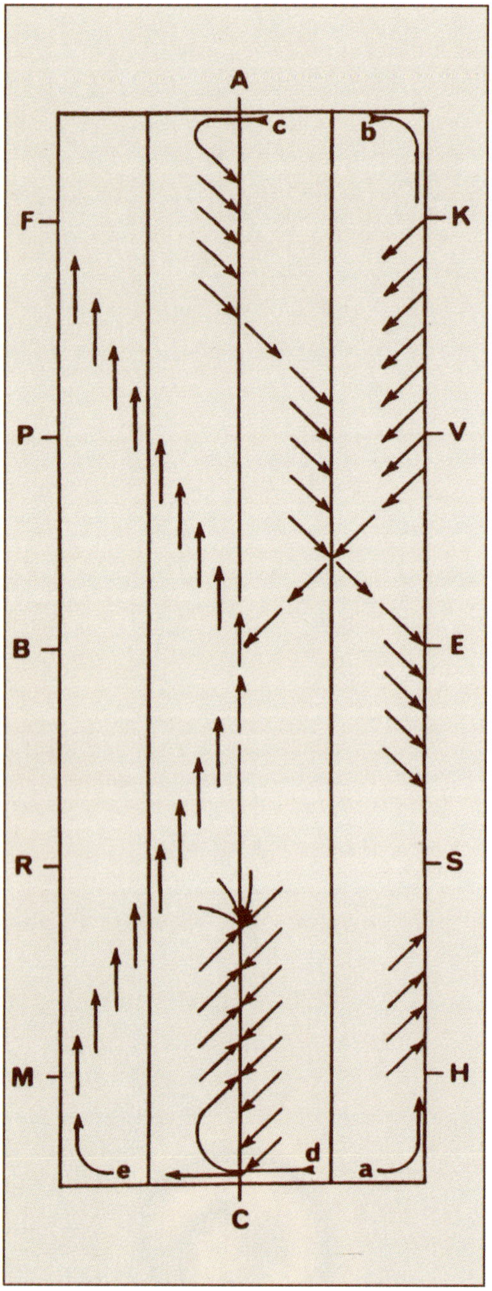

Abb. 34: Verschiedene Formen des Schenkelweichens. Man beachte, daß alle Übungen - mit Ausnahme von „e", die auch im Trab ausgeführt werden kann - im Schritt zu reiten sind.

den Hilfen, d.h. jederzeit bereit, beispielsweise eine Vor- oder Hinterhandwendung auszuführen, geradeauszugehen, anzutraben oder anzugaloppieren.

In Abb. 34 sind einige Beispiele für das Schenkelweichen aufgeführt:

a) Schenkelweichen rechts auf der linken Hand
b) Schenkelweichen rechts auf der rechten Hand
c) von der Mittellinie ausgehend abwechselnd, stufenweise Schenkelweichen nach links und geradeaus (besonders lehrreich)
d) Schenkelweichen rechts auf der Mittellinie, Vorhandwendung aus der Bewegung (Takt!), Schenkelweichen rechts zurück zum Ausgangspunkt
e) im Schenkelweichen Viereck verkleinern und vergrößern (es ergibt sich ein symmetrisches Bild: zunächst Schenkelweichen links - geradeaus - Schenkelweichen rechts).

Wie sieht nun das korrekte Schenkelweichen aus (Abb. 35)?

Das Pferd weicht dem *linken* Schenkel; die *linke Seite* ist die „innere" Seite. Das Pferd bewegt sich vorwärts-seitwärts (nach *rechts*) in einem Winkel von ca. 40° zum Hufschlag. Das Pferd bleibt in seinem Körper gerade, der Kopf ist am Genick nach links gestellt. Das Pferd tritt mit den inneren Füßen vor und über die äußeren und bewegt sich dabei auf vier Hufschlaglinien.

Für das junge Pferd ist das „Viereck verkleinern und vergrößern" (c) die beste Vorbereitung für das Schenkelweichen. Auf der Mittellinie kann das Schenkelweichen folgendermaßen ausgeführt werden:

a) geradeaus, oder
b) mit einem Übergang zur Vorhandwendung, oder
c) mit einem Übergang zur Hinterhandwendung.

Die lehrreichste Variation des Schenkelweichens ist in Abb. 36c aufgezeigt. Das Pferd ist „vor dem Reiter", die Hinterhand auf dem Hufschlag, bereit, entweder gerade nach vorne zu treten oder um die Hinterhand zu wenden (dies entspricht dem Grundsatz „die Vorhand auf die Hinterhand einstellen").

Die in Abb. 36a gezeigte stufenweise Übung ist äußerst lehrreich, da hier der Schwerpunkt auf Geraderichtung und Erhaltung der Vorwärtsbewegung liegt. Zu dieser Übung sollte übergegangen werden, sobald sich das Pferd durch Verbiegen des Körpers oder Ausfallen der Schulter oder Hinterhand

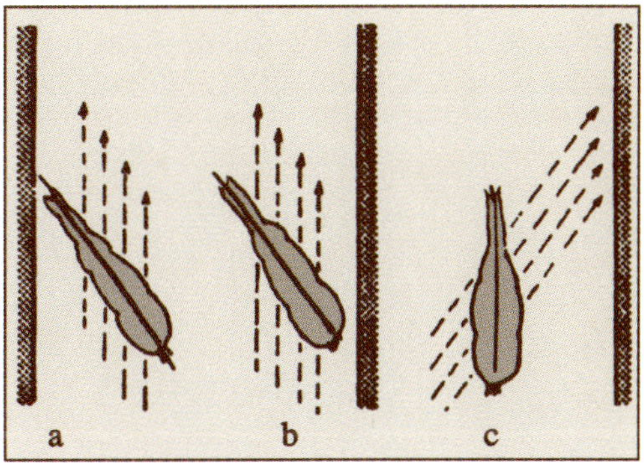

Abb. 35: Variationen des Schenkelweichens: (a) auf der rechten Hand; (b) auf der linken Hand und (c) „Viereck vergrößern".

zu entziehen droht. Nach Beendigung des Schenkelweichens muß hierbei das Pferd geradeaus geritten werden, d.h. es muß vom Genick bis zum Schweif gerade sein. Würde man beispielsweise aus dem Schenkelweichen einen Zirkel anlegen oder umgekehrt, so stünde dies in krassem Gegensatz zum Zweck dieser Übung.

Abb. 36: Schenkelweichen links auf der Mittellinie, an das sich eine Vor- oder Hinterhandwendung anschließt: (a) Schenkelweichen in einem 40°-Winkel zur Mittellinie; (b) Vorhandwendung (innerer Vorderfuß auf der Mittellinie) und (c) Hinterhandwendung (innerer Hinterfuß auf der Mittellinie).

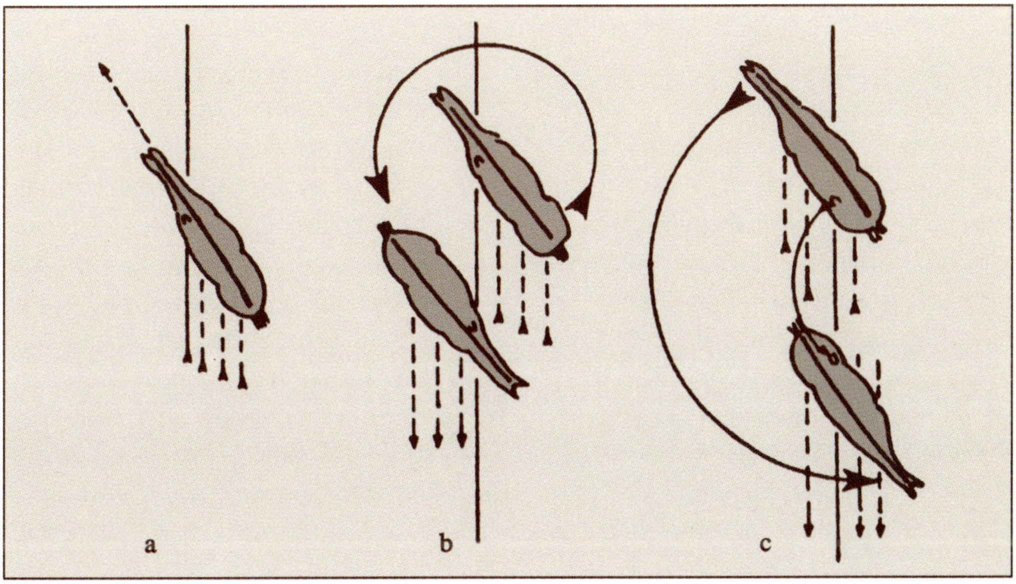

Dies ist nicht zu verwechseln mit dem Übergang aus dem Schulterherein! Da hier das Pferd vom Genick bis zum Schweif längsgebogen ist, kann auf den Zirkel oder auf die Volte abgewendet und danach das Schulterherein angeschlossen werden.

Leider gibt es über den Unterschied zwischen Schenkelweichen und Schulterherein immer noch einige Verwirrung. In Dressurprüfungen kann man relativ häufig „schulterhereinartiges Schenkelweichen" oder „schenkelweichenartiges Schulterherein" beobachten.

Man beachte die Reihenfolge der Elemente des TRAININGSBAUMS: Durch das Schenkelweichen wollen wir das Pferd lösen und es *geraderichten* (6. Element), während wir durch das Schulterherein die *Durchlässigkeit* (8. Element) verbessern und *Schwung* und *Versammlung* (9. und 10. Element) fördern wollen. *Es ist also ein Fehler, mit dem Schulterherein zu beginnen, bevor das Schenkelweichen nicht gefestigt ist.*

Aus diesem Grund halte ich nichts davon, wenn in Dressurprüfungen vorgegeben wird, aus dem Schenkelweichen auf den Zirkel abzuwenden. Dies verwirrt den Reitschüler und das junge Pferd mehr, als es nützt. Es führt dazu, daß das Pferd sich durch Biegen oder Ausweichen entzieht und leistet somit dem weitverbreiteten Mißverständnis zwischen Schenkelweichen und Schulterherein Vorschub.

Worin bestehen die Hilfen zum Schenkelweichen? Das *an den Hilfen stehende Pferd* ist zum Schenkelweichen bereit. Durch die korrekte Anlehnung wird es jede Veränderung der Gewichts- und Schenkelhilfen des Reiters spüren.

Wir beginnen im Schritt. Um die Sache zu vereinfachen, wenden wir auf die Mittellinie ab und beginnen mit dem Schenkelweichen links. Die Vorgehensweise (Abb. 37) ist wie folgt: Das Pferd geht zunächst geradeaus.

· Das Pferd wird links gestellt, indem der Reiter vermehrt den inneren (linken) Gesäßknochen belastet; der innere Schenkel liegt dicht hinter, der äußere Schenkel verwahrend hinter dem Gurt; der innere Zügel wird etwas kürzer genommen, so daß der Reiter „den inneren Augen- und Nüsternbogen schimmern sieht".

· Der innere Schenkel drückt die Hinterhand seitwärts, während der äußere Schenkel auch für genügend Vorwärtsbewegung sorgt und ein Ausweichen der Hinterhand verhindert. Der innere Zügel sorgt für die notwendige Kopfstellung, der äußere Zügel verhindert ein Ausfallen über die Schulter.

Übergänge vom Schenkelweichen zum Halten (an der Wand) sind ebenfalls sehr lehrreich, da der Reiter hier ein Gefühl für die korrekte Plazierung des inneren Hinterfußes bekommt, was bei einem guten Halt eine große Rolle spielt. Nachstehend sind die häufigsten Fehler aufgeführt:

Den *Reiter* betreffend: Er verspannt sich, verdreht den Körper, knickt in der Hüfte ein, belastet den inneren Gesäßknochen nicht richtig, nimmt den inneren Unterschenkel zu weit zurück, hat nicht genügend Einwirkung oder kein Gefühl für den richtigen Zeitpunkt der Einwirkung, der äußere Schenkel liegt falsch, wodurch die Vorwärtsbewegung ver-

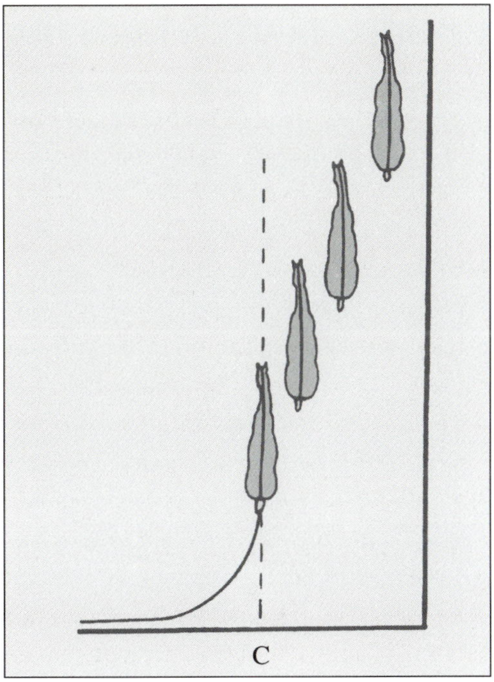

Abb. 37: „Viereck vergrößern" ist die einfachste Form des Schenkelweichens, kann auch im Trab geritten werden.

loren geht, er zieht am inneren Zügel und kommt mit dem inneren Schenkel nicht „durch".

Das *Pferd* betreffend: Es geht gegen das Gebiß, knirscht mit den Zähnen, verwirft sich im Genick oder im Hals, wird taktunrein, verändert das Tempo und entzieht sich, indem es über die äußere Schulter ausfällt, die Hinterbeine einfach nur hinterherschleifen läßt (kein Übertreten) oder mit der Hinterhand nach außen ausweicht.

Zusammengefaßt läßt sich folgendes sagen: Schenkelweichen ist eine wertvolle Übung, um das Pferd während der *Grundausbildung* zu lösen und geradezurichten. Die Lektion erfüllt jedoch nur dann ihren Zweck, wenn sie korrekt ausgeführt wird, was weitaus schwieriger ist, als es den Anschein hat. Darum meine Warnung: Kein Reiter sollte mit dem Schenkelweichen beginnen, bevor der Sitz nicht gefestigt ist und das Pferd *nicht an den Hilfen* steht, Voraussetzung für das *Geraderichten*, das 6. Element des TRAININGSBAUMS.

Zur *geraderichtenden* Arbeit gehört das **Reiten in Stellung**. Warum? Das nicht geradegerichtete Pferd, das sich an der Bande entlang bewegt, neigt dazu, über die Schulter nach innen oder außen auszufallen (im Vergleich mit unserem Zug bedeutet das ein Entgleisen der vorderen Waggons). Auf diese Weise wird die Energie des „Motors" blockiert und kann nicht bis nach vorne fließen. Der Impuls zum Vorwärtsgehen ist eingeschränkt. Oft geht das Pferd dadurch schief, daß es sich mit der Schulter an die Wand anlehnt (Abb. 38). Der Abstand der Vorhand (die ja doch beträchtlich schmaler ist als die Hinterhand) zur Wand ist dann der gleiche wie der der Hinterhand. Um das Pferd wieder „in die Schienen" zurückzuführen, müssen wir *die Vorhand auf die Hinterhand einstellen, ein grundlegendes Prinzip in der Dressurreiterei!* Wir sorgen dafür, daß die innere Schulter des Pferdes vor die innere Hüfte kommt, so daß sich sowohl innerer Hinter- wie auch innerer Vorderfuß auf einer Linie bewegen. Indem wir die Vorhand auf die Hinterhand und nicht umgekehrt die Hinterhand auf die Vorhand einstellen, werden wir der vorrangigen Rolle, die die Hinterhand aufgrund der von ihr ausgehenden Schubkraft spielt, gerecht. Das Reiten in Stellung bedeutet nicht, daß das

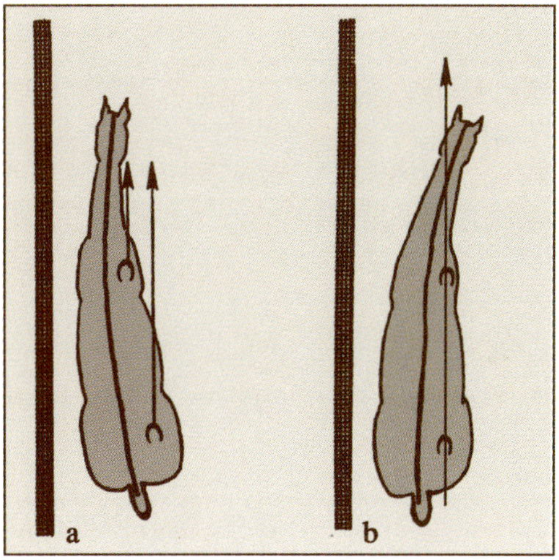

Abb. 38: Falsch! Bedingt durch seine natürliche Schiefe lehnt sich das Pferd mit der Schulter an der Bande an! Somit geht die Schubkraft des inneren Hinterfußes verloren.
Korrektur: Durch das „Reiten in Stellung" wird das Pferd geradegerichtet und die Vorhand auf die Hinterhand eingerichtet. Innerer Vorder- und innerer Hinterfuß bleiben auf einem Hufschlag, die Schubkraft kann nach vorne durchfließen.

Pferd längsgebogen wird; das Pferd bleibt gerade und bekommt lediglich eine seitliche Stellung in der Ganasche, so daß der Reiter den inneren Augen- und den inneren Nüsternrand „schimmern" sehen kann.

Der nächste Schritt in der geraderichtenden Arbeit ist das **Schultervor**. Diese Lektion ist zwar etwas schwieriger, der Gymnastizierungseffekt jedoch größer als beim „Reiten in Stellung". Die innere Schulter wird etwas nach innen geführt, so daß der innere Hinterfuß auf einer separaten Linie (zwischen den Vorderfüßen) fußt (Abb. 39). Die Lektion verliert ihren Sinn, ja sie schadet sogar, wenn der Reiter einfach nur den Hals nach innen zieht (ein weit verbreiteter Fehler). Das Pferd muß in seinem ganzen Körper ganz leicht nach innen gebogen sein, ohne daß der Hals dabei stärker gebogen

Abb. 39: Das Schultervor, eine geraderichtende Übung, entlang der Bande.
a) Falsch! Der Hals ist nach innen gezogen, das Pferd entzieht sich den Hilfen, somit wird die Übung absolut wertlos!
b) Falsch! „Schenkelweichenartiges" Schultervor, keine Schubkraft.
c) Korrekt! Geringe Stellung, Schubkraft unter Kontrolle. Der Schweif (Kruppe) bleibt parallel zur Bande. Innerer Hinterfuß tritt zwischen die Vorderfüße.

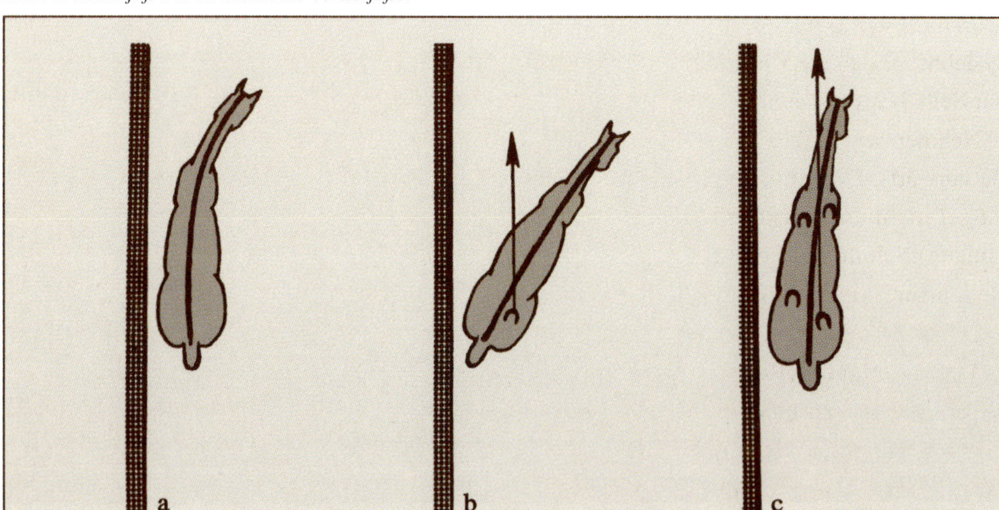

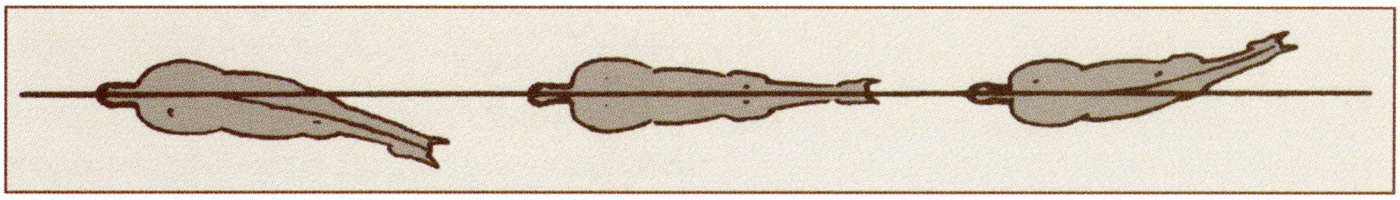

Abb. 40: Schultervor auf der Mittellinie. Getreu dem Grundsatz „die Vorhand ist auf die Hinterhand einzurichten", bringt der Reiter abwechselnd die rechte, dann die linke Schulter vor, wobei die Hinterfüße nicht von der Linie abweichen.

wird. Das Schultervor ist außerdem eine Vorbereitung für das Schulterherein, mit dem wir gegen Ende des zweiten Jahres unserer *Grundausbildung* beginnen können, wenn wir *Schwung* und *Versammlung* (9. und 10. Element) entwickeln wollen. Zum Reiten in Stellung und für das Schultervor benötigen wir Hilfe von unten. Unser Helfer kann die korrekte Ausführung der Lektion am besten vom hinteren oder vorderen Ende unseres Hufschlags aus beurteilen. Ist man in der glücklichen Lage, über einen Spiegel in der Halle zu verfügen, sollte man diesen zur Verfeinerung der Lektion zu Hilfe nehmen.

Das **Reiten in Konterstellung** ist ebenfalls eine Übung, die der Geraderichtung dient, und kann entweder auf einer geraden Linie oder einem 20-m-Zirkel erfolgen. Durch diese Lektion wird die „hohle Seite" gedehnt, so daß das Pferd den Zügel auf dieser Seite besser annimmt.

Nehmen wir an, das Pferd geht nicht gerade vorwärts. Es nimmt den inneren (rechten) Zügel nicht an, da es sich mit der äußeren (linken) Schulter auf den linken Zügel legt. Sein innerer (rechter) Hinterfuß fußt nicht in der Spur, er weicht nach innen aus.

Zur Korrektur stellen wir das Pferd nach außen und stellen uns vor, die Bande wäre auf unserer rechten Seite (Abb. 41). Wir reiten nun in Konterstellung. Zum besseren Verständnis noch einmal das geradegerichtete Pferd *„in den Schienen"*. Diese gehen von der Hinterhand aus nach vorn. Die Schultern haben zu beiden Seiten den gleichen Abstand zu den parallel verlaufenden „Schienen". Das ist der Fall sowohl auf der geraden als auch auf gebogenen Linien (Abb. 33).

Beim „In Stellung Reiten" wird die innere Schulter und innerer Augen- und Nüsternbogen auf die innere „Schiene" geführt und dort gehalten, so daß innere Hüfte, innere Schulter und innerer Augen-/Nüsternbogen auf *einer* Linie sind (Abb. 42).

Abb. 41: Konterstellung zur Dehnung der rechten Seite.

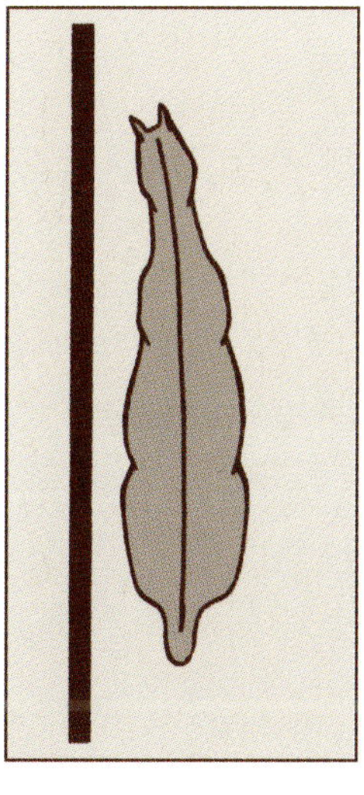

Abb. 42: Reiten in (Rechts-) Stellung; innere Hüfte, innere Schulter, innerer Augen-/Nüsternrand an rechter „Schiene".

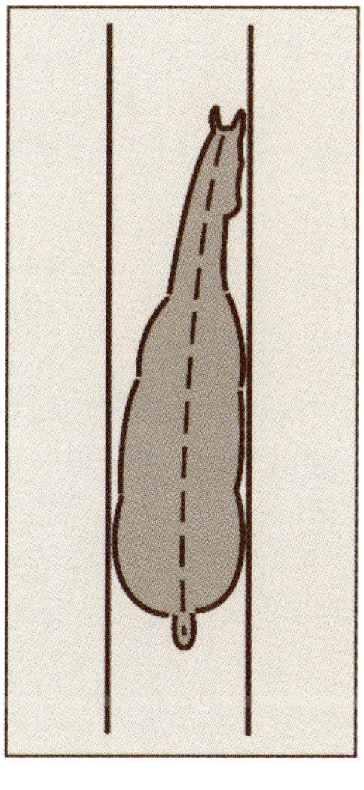

BALANCE
7. ELEMENT DES TRAININGSBAUMS

„Es gibt kein so gut gehütetes Geheimnis wie das zwischen einem Reiter und seinem Pferd."
(Robert Smith Surtees)

Pferd und Reiter sind gut ausbalanciert, wenn die Gewichte auf beiden Seiten gleichmäßig verteilt sind und sie in ihrem Schwerpunkt stets übereinstimmen. Wie jeder zu balancierende Gegenstand wird das Pferd *leicht* in der Hand und einfach zu handhaben. So kann auch der Reiter sein Gleichgewicht in allen Situationen halten, weniger durch körperliche Kraft als durch Gefühl und Können.

Das Pferd muß sich in der Bewegung sowohl nach den Seiten als auch in seiner Längsachse ausbalancieren. Da das Ausbalancieren nach den Seiten Voraussetzung für das Ausbalancieren in der Längsachse ist, wollen wir uns damit zuerst befassen.

Voraussetzung für das **Ausbalancieren nach den Seiten** ist die *Geraderichtung* (6. Element des TRAININGSBAUMS). Das geradegerichtete Pferd, das sich nur durch geringste Hilfen leicht nach beiden Seiten biegen läßt und sich stets „in den Schienen" bewegt (rechte Schiene: rechter Schenkel, rechter Zügel; linke Schiene: linker Schenkel, linker Zügel) ist nach beiden Seiten ausbalanciert. Der Reiter kann diese Balance überprüfen, indem er die Zügel auf gerader oder gebogener Linie in eine Hand nimmt. Die Anlehnung darf nicht verloren gehen und das Pferd muß *in den Schienen* bleiben.

In diesem Zusammenhang möchte ich kurz auf die „Zügelhaltung in einer Hand" eingehen. Anfangs kann der Reiter bei einem noch nicht ganz geradegerichteten Pferd die Hände ein wenig breiter führen. Dies ist eine Stütze für das Pferd und es kann sich so leichter ausbalancieren. Sobald das Pferd jedoch gelernt hat, sein Gleichgewicht zu halten, benötigt es diese Unterstützung nicht mehr. Der Reiter sollte immer bemüht sein, die Hände eng nebeneinander zu tragen (als wolle er den Hals einschließen). Im Idealfall sollte das Pferd nicht unterscheiden können, ob die Zügel in einer oder in beiden Händen gehalten werden.

In Dressurprüfungen kann man oft Reiter beobachten, die mangelhafte Geraderichtung durch breite Handhaltung auszugleichen versuchen - selbst in den höheren Klassen! Dies läßt den Vergleich mit einem Seiltänzer aufkommen, der zum Ausbalancieren einen langen Stab benötigt. Ohne dieses Hilfsmittel würde er stürzen, so wie das nicht geradegerichtete Pferd ohne die Stütze der Zügel aus dem Gleichgewicht kommen würde. Es ist zu hoffen, daß die Richter in den Prüfungen hierauf achten.

Beim Skifahren, das ähnliche Anforderungen an die Balance stellt wie das Reiten, tritt dieses Problem nicht auf, da Gleichgewichtsprobleme mit einem Sturz im Schnee enden. Es hat auch keinen Sinn, dem Ski die Schuld zu geben. Werden Pferde durch schlechtes Reiten aus der Balance gebracht, tragen sie dennoch ihre Reiter getreu weiter. Sie bemühen sich einfach, den Mangel an Balance auszugleichen, indem sie sich mehr oder weniger stark auf einen Zügel legen oder auf zwei Hufschlägen gehen. Mit Sicherheit ist die Schuld für diese Unart nicht beim Pferd zu suchen.

Bedauerlicherweise werden in den heutigen Dressurprüfungen keine Aufgaben mehr verlangt, die mit einer Hand geritten werden müssen. Dies war zweifellos ein Schritt in die falsche Richtung. Wenn man fortfährt, solche Konzessionen zu machen, dauert es nicht lange, und das Hackamore wird für die A-Dressur zugelassen, weil damit „der Hals leichter krumm gemacht" werden kann.

Bei der Zäumung auf Kandare (nicht vor Abschluß einer erfolgreichen *Grundausbildung!*) kommt einer korrekten Handhaltung nahe dem Widerrist noch größere Bedeutung zu. Das Stangengebiß toleriert keine ungleichmäßigen Zügelhilfen. Aus diesem Grund müssen Balance und Selbsthaltung des Pferdes gefestigt sein, bevor eine Kandare angelegt werden kann. Dieses anspruchsvolle Instrument dient dem gefühlvollen Reiter als Werkzeug zur Verfeinerung der Zügelhilfen, und um das Pferd zu *versammeln*.

Abb. 43: Das gut ausbalancierte Fahrrad (oder Pferd) muß nicht durch die Hände gestützt werden. Auf einem schlecht ausbalancierten Fahrrad (oder Pferd) müssen Oberkörper und Arme zuhilfe genommen werden.

Ich möchte noch ein weiteres Beispiel anführen (Abb. 43). Jeder kann fahrradfahren. Wollen wir freihändig fahren, muß das Fahrrad richtig justiert sein. Ist dies nicht der Fall, müssen wir den Mangel an Balance ausgleichen, indem wir den Körper in entgegengesetzter Richtung zu der Seite neigen, zu der das Fahrrad abdriftet. Weil das unbequem ist, behelfen wir uns, indem wir der Lenkstange ständig gegenhalten. Ist bei einem Auto die Lenkung schlecht eingestellt, muß ein Abdriften durch ständiges Gegensteuern verhindert werden.

Legt sich ein unausbalanciertes Pferd permanent auf die linke Schulter, führt dies dazu, daß der Reiter am linken Zügel hängt (wobei ihm zum Schluß der Arm weh tut) oder mit der linken Hüfte einknickt (ein weit verbreiteter Fehler).

Fehlerhafte Fahrräder oder Autos können in der nächsten Werkstatt repariert werden, was allerdings nicht für Pferde mit derartigen Problemen möglich ist. Sie müssen vielmehr durch tägliche Arbeit unter dem Sattel geradegerichtet werden. Dies geschieht durch das ständige Wiederholen jener Lektionen, durch die die erforderliche Biegsamkeit für die ungehinderte Balance nach den Seiten entwickelt wird. Hierfür gibt es keine Schnellverfahren und keine „Tricks".

Durch das **Ausbalancieren in der Längsachse** wird das Pferd leichter in der Vorhand. Hierfür muß es selbstverständlich zuvor auch nach den Seiten ausbalanciert sein. Bisher hat sich das Pferd mehr oder weniger stark *auf der Vorhand* bewegt, was auch in Ordnung war, da wir uns vorrangig mit Lektionen zur Entspannung und Dehnung der Muskulatur des Pferdes beschäftigten, um eine runde Oberlinie und einen schwingenden Rücken zu erhalten. Das Pferd durfte den Hals vorwärts-abwärts dehnen, ohne daß wir uns zu sehr um das zusätzliche Gewicht, das die Vorderbeine zu tragen hatten, gesorgt haben. Die Hinterbeine *schoben* mehr (Phase B des TRAININGSBAUMS: Entwicklung der Schubkraft), als daß sie Gewicht aufnahmen.

Phase C des TRAININGSBAUMS dient nun der Entwicklung der Tragkraft, der Selbsthaltung und Leichtigkeit. In dieser Phase müssen wir die Hinterbeine zum vermehrten Untertreten anregen. Das Pferd muß lernen, mit den Hinterbeinen weiter unter seinen Schwerpunkt zu treten und somit mehr Gewicht aufzunehmen, wodurch die Vorhand entlastet wird. Wir nennen das *„Relative Aufrichtung"*. Die Aufrichtung des Halses kommt also nicht von der Hand, sondern ist ein Ergebnis der mehr untertretenden Hinterhand.

Das korrekt ausbalancierte Pferd findet so wieder zu seinen natürlichen Bewegungen zurück, die anfangs durch das Reitergewicht eingeschränkt waren. Nun kann der Reiter an der *Durchlässigkeit* und dem *Schwung* (8. und 9. Element) arbeiten und auch schon langsam mit der *Versammlung* (10. Element) beginnen.

Vollkommene Harmonie setzt ein voll ausbalanciertes Pferd und einen ausbalancierten Reiter voraus, deren *gemeinsamer Schwerpunkt* in allen Lektionen vorhanden sein muß. Es geht mir immer gegen den Strich, wenn Dressurreiter ihre Pferde nach einer Seite stellen oder biegen, während sie selbst zur anderen Seite schauen. Dies verletzt die Harmonie. Aus diesem Grund ist folgendes zu beachten: Die Nase des Reiters und die des Pferdes sollten stets aufeinander abgestimmt und grundsätzlich und in die gleiche Richtung gerichtet sein. Pferd und Reiter schauen immer gemeinsam in *eine* Richtung.

Wie schon erwähnt, sollte die Kandare *nicht* verwendet werden, bevor das Pferd voll ausbalanciert und durchlässig ist und ferner gelernt hat, auf halbe Paraden zu reagieren. Die Verwendung des Kandarengebisses vor diesem Stadium führt zu Verwirrungen, woraus sich Verspannungen und Widersetzlichkeiten ergeben können. Der einzige Grund für den Gebrauch der Kanda-

Abb. 44: Das gut ausbalancierte Pferd springt vertrauensvoll mit einem Minimum an Anstrengung. Der Autor mit „Alpenmärchen" in Luhmühlen.

re liegt in der Verfeinerung der Hilfen, um das gut ausbalancierte Pferd zu versammeln. Damit kann jedoch nicht vor Ende des zweiten Jahres einer soliden *Grundausbildung* begonnen werden.

Leider benutzen viele Reiter, denen es nicht gelingt, ihre Pferde mit einem normalen Trensengebiß an den Zügel zu reiten, eine Kandare, die wie ein „Brecheisen" wirkt. Unter Mißachtung der im TRAININGSBAUM aufgezeigten Prinzipien der klassischen Dressur werden die Pferde von manchen sogar auf Turnieren in derlei Weise vorgestellt. Gute Richter werden das zu bewerten wissen.

Um die Anzahl derjenigen Reiter zu vermindern, die ihre Pferde ohne solide *Grundausbildung* in FEI-Prüfungen vorstellen, ist in Amerika der PRIX ST. JAMES konzipiert worden (in den USA gibt es kein Qualifizierungssystem). In dieser kombinierten Dressurprüfung wird im ersten Teil (der zweite Teil ist der Prix St. Georg) ein *auf Trense* gezäumtes, sicher ausbalanciertes Pferd verlangt (siehe letztes Kapitel).

In Amerika wächst erfreulicherweise die Zahl der *Dressage Shows*, die den PRIX ST. JAMES anbieten. Dieser soll Anreiz dazu geben, sich mit der *Grundausbildung* mehr Zeit zu lassen. Qualifizierte Richter und Ausbilder erkennen die Bedeutung einer soliden Grundlage, die dem Wohl des Pferdes dient und für die erfolgreiche Teilnahme an Turnieren in Europa unerläßlich ist.

Solange in den USA kein Qualifikationssystem existiert, täte die USDF gut daran, den PRIX ST. JAMES als offizielle Dressurprüfung anzuerkennen. Ein voll ausbalanciertes Pferd reiten zu dürfen ist ein Genuß. Um dieses Gefühl zu verspüren, wäre es jedem Anfänger zu wünschen, ein so geschultes Pferd reiten zu können.

Balance muß ständig immer wieder neu hergestellt werden. Dies geschieht durch systematische, geraderichtende und versammelnde Arbeit, für die sich, wie wir wissen, Hufschlagfiguren und Lektionen anbieten.

Bei der Entwicklung der *Balance* müssen wir nach Perfektion streben, um unsere Hilfen unsichtbar werden zu lassen. Das gut ausbalancierte Pferd kann sich - mit einem Minimum an Unterstützung - „wie ein Seiltänzer bewegen". Zur Überprüfung der Balance können die Zügel während der einzelnen Lektionen ab und an in eine Hand genommen werden.

Auch das „Überstreichen", das von den Pferden als Belohnung aufgefaßt wird, bietet sich hierfür an.

Das korrekt ausbalancierte Pferd bewegt sich zu jedem Zeitpunkt „in den Schienen"; es hat Selbstvertrauen und ist gehorsam. Durch die stete Übereinstimmung der Schwerpunkte von Pferd und Reiter können alle Aufgaben - auf der Flachen wie auch im Springen - mit Leichtigkeit und Eleganz ausgeführt werden.

Hat man dieses Gefühl, sich mit dem Pferd im Einklang (d.h. in Harmonie) zu befinden, einmal erlebt, wird man das Zitat von Oberst Podhajsky: „Der Reiter denkt - das Pferd führt aus" nachvollziehen können.

DURCHLÄSSIGKEIT
8. ELEMENT DES TRAININGSBAUMS

„Ziel ist die willige Mitarbeit des Pferdes, nicht seine Unterwerfung."

Betrachten wir noch einmal den TRAININGSBAUM. Bis hierher haben wir uns mit sieben Elementen beschäftigt, und wir wissen jetzt - zumindest in der Theorie -, wie das Ausbalancieren von Pferd und Reiter zu erreichen ist.

Wie wir gewahr wurden, benötigen wir dazu über ein Jahr, im Verein mit Geduld und Disziplin.

Will man diesen Prozeß beschleunigen, beschwört man Probleme herauf. Es würde die Gesundheit des jungen Pferdes gefährden, sowie sein Vertrauen und seine Bereitschaft zur Mitarbeit und somit auch seine Persönlichkeit zerstören. Das Ergebnis wird in den meisten Fällen enttäuschend sein.

Ein guter Ausbilder weiß, wie er das Training der Entwicklung des Pferdes anzupassen hat. Gesundheit und Willigkeit des Pferdes sind zu kostbar, um sie für eine Siegesschleife aufs Spiel zu setzen.

Das nächste Element des TRAININGSBAUMS, mit dem wir uns beschäftigen wollen, ist die *Durchlässigkeit* (8. Element).

Durchlässigkeit kann nur erreicht werden, wenn sich Reiter und Pferd im Gleichgewicht (*Balance*, 7. Element) befinden.

Die *Balance* hängt (wie wir wissen) jedoch von der *Geraderichtung* (6. Element) ab, die wiederum nur erreicht werden kann, wenn alle vorangegangenen Elemente genügend gefestigt sind.

Zur Wiederholung: *Durchlässigkeit* ist nicht einfach mit Lockerheit gleichzusetzen, es beinhaltet viel mehr! „Durchlässigkeit ist die körperliche Fähigkeit des Pferdes, seinen Schwerpunkt sowohl nach vorne und hinten wie auch zur Seite zu verlagern, ohne sich dabei zu verspannen oder zu widersetzen. Durchlässigkeit zeigt sich in der sofortigen Reaktion des Pferdes auf die annehmenden und stellunggebenden Zügelhilfen sowie auf die treibenden Gewichts- und Schenkelhilfen. Der beste Prüfstein für die Durchlässigkeit sind Übergänge."

Eine andere Definition lautet: Durchlässigkeit bedeutet „Biegsamkeit, die Fähigkeit, die Haltung einer Längs- oder seitlichen Biegung oder Stellung anzupassen, ohne daß dadurch Bewegungsfluß oder Balance beeinträchtigt werden."

Beide Definitionen sind nicht ganz zufriedenstellend. **Durchlässigkeit** bedeutet, daß eine ständige Verbindung zwischen Hinterhand und Reiterhand besteht, durch welche die Energie durch das Pferd vor- und zurückfließen kann. Auf diese Weise fließt die Schubkraft der Hinterhand durch den Körper und wird von der Reiterhand aufgefangen, so wie die Zügelhilfen durchgelassen werden, um die Hinterhand zu erreichen (und auf sie einzuwirken).

Dieser Energiefluß, *der durch die treibenden Gewichts- und Schenkelhilfen des Reiters erzeugt wird*, kann nur „durchgelassen" werden, wenn er nicht durch irgendwelche Blockaden gehemmt wird.

Zu diesen Blockaden gehören Verspannungen, die durch einen Mangel an Losgelassenheit auftreten (1. und wichtigstes Element). Die *Losgelassenheit* muß zu Beginn jeder Trainingseinheit hergestellt werden, erst dann kann mit ernsthafter Arbeit begonnen werden.

Blockaden können im Maul, Kiefer oder Genick sowie in jedem Muskel oder Gelenk des Pferdekörpers auftreten. Ein gewaltsames Auflösen dieser Blockaden steht nicht in Einklang mit den Prinzipien guter Reiterei, die Folge wäre nur Schmerz, Angst und Widerstand (auf dieses Problem wurde schon in Zusammenhang mit der *Losgelassenheit*, dem 1. Element eingegangen).

Man kann ein Pferd nur dann als durchlässig bezeichnen, wenn die zwischen Hinterhand und Zügel bestehende Verbindung „funktioniert". Das Pferd muß dazu *an den Hilfen* stehen (5. Element) und bei steter Anlehnung auf Gewichts- und Schenkelhilfen unverzüglich reagieren; somit läßt es die Energie durchfließen.

Dies zu erreichen beruht auf der Fähigkeit des Reiters; nur wenn er selbst „durchlässig" ist und die Verbindung vom Kreuz über den Schenkel zum Pferdemaul hergestellt hat, kann die *Durchlässigkeit* auf das Pferd übergehen.

Der Reiter ist es, der das Pferd ausbalancieren und gegebenenfalls die notwendige Energie mobilisieren muß. Fängt er diese Energie mit den Zügeln auf, kann er sie wieder zurück zur Hinterhand fließen lassen, wodurch sich der Kreis schließt.

Dieser Vorgang entspricht im Kern eigentlich schon der halben Parade, dem Schlüssel für erfolgreiche Ausbildung.

Mit der halben Parade kontrollieren wir *Takt* und *Balance*, machen das Pferd aufmerksam und erhalten den Energiezyklus, wodurch wiederum die Aktivität der *Hinterhand* und die *Durchlässigkeit* verbessert werden.

Vor jedem Übergang (d.h. vor jedem neuen Biegen, jeder neuen Gangart und jeder neuen Lektion) versichern wir uns durch eine halbe Parade, daß das Pferd so durchlässig ist, daß es einen flüssigen Übergang ausführen kann. Kommt die halbe Parade nicht wie gewünscht durch, muß sie so oft wiederholt werden, bis eine Reaktion kommt. Ohne klare Reaktion auf die halbe Parade sollten wir *überhaupt keine* Übergänge zulassen; sie wären nicht korrekt. Nur nach gelungener halber Parade signalisiert uns das Pferd seine Bereitschaft zu erhöhter Aufmerksamkeit.

Dies kann mit einem Stromkreis verglichen werden, der zu schließen ist, um den

Strom durchfließen zu lassen. Ohne Strom „brennt die Birne nicht".

Für einen korrekten Übergang in eine *niedrigere* Gangart benötigen wir diesen Kreislauf, um die Hinterhand während der Zügelhilfe, die genau mit den Bewegungen abgestimmt sein muß, heranzuholen. Reiter, die einfach nur „den Stecker herausziehen", können sich nicht darüber wundern, wenn das Pferd „auseinanderfällt".

Dasselbe gilt auch, wenn wir das Pferd zum *geschlossenen* Halten durchparieren wollen, d.h., das Pferd muß im Halten sicher und ausbalanciert stehen, die Hinterbeine sind genügend untergeschoben, so daß das Gewicht von Pferd und Reiter gleichmäßig auf alle vier Beine verteilt ist.

Je *durchlässiger* das Pferd ist, desto weniger halbe Paraden sind für das Durchparieren zum geschlossenen Halten erforderlich. „Der beste Prüfstein für die Durchlässigkeit sind das saubere Halten und das Rückwärtsrichten."

Die Hilfen für eine gute halbe Parade sind kaum sichtbar. Das durchlässige und gut ausbalancierte Pferd reagiert auf das *Anstellen des Kreuzes* (siehe „Am Kreuz" Seite 56, „An den Hilfen") und die treibenden Schenkelhilfen; es wird leicht in der Vorhand und ist im Genick nachgiebig.

Für den Anfänger ist es schwer, eine effektive halbe Parade zu reiten.

Es ist eigentlich unmöglich, diese wichtigste Hilfe auf einem schlecht ausgebildeten Pferd zu lehren. Zu diesem Zweck muß dem Reiter ein erfahrenes Lehrpferd zur Verfügung gestellt werden - Pferde sind die besten Lehrmeister. Sobald das Pferd ohne zu zögern - und ohne Widerstand -auf die halbe Parade reagiert, wird die Hinterhand zum vermehrten Untertreten aktiviert. Dieses vermehrte Untertreten ist der erste Schritt zur *Schwungentfaltung*.

Durchlässigkeit und *Schwung* haben eine Wechselwirkung. Wenn wir an der *Durchlässigkeit* arbeiten, verbessern wir automatisch auch den *Schwung*. Bemühen wir uns um *Schwung*, verbessern wir damit auch die *Durchlässigkeit*. Diese beiden Elemente (8. und 9.) bedingen sich gegenseitig.

Das Schulterherein

Die effektivste Übung zur Verbesserung von *Durchlässigkeit* und *Schwung* ist das Schulterherein. Von den alten Meistern wurde sie als „Mutter aller Seitengänge" bezeichnet. Korrekt ausgeführt, dient das Schulterherein als Vorbereitung zur *Versammlung*.

Beim Schulterherein ist das Pferd um den inneren Schenkel (der als Eckpfeiler für die Biegung dient) längsgebogen und bewegt sich auf zwei Hufschlägen. Der Kopf ist nach innen gestellt, der innere Hinterfuß tritt *vor und unter* den Schwerpunkt (er tritt nicht über wie beim Schenkelweichen!), in die Richtung des äußeren Vorderfußes. Die Längsbiegung und Stellung entspricht derjenigen auf einer Volte von sechs Metern Durchmesser.

Diese Lektion wird in Phase C des TRAININGSBAUMS eingeführt. Am einfachsten geschieht dies, indem man „den Zirkel

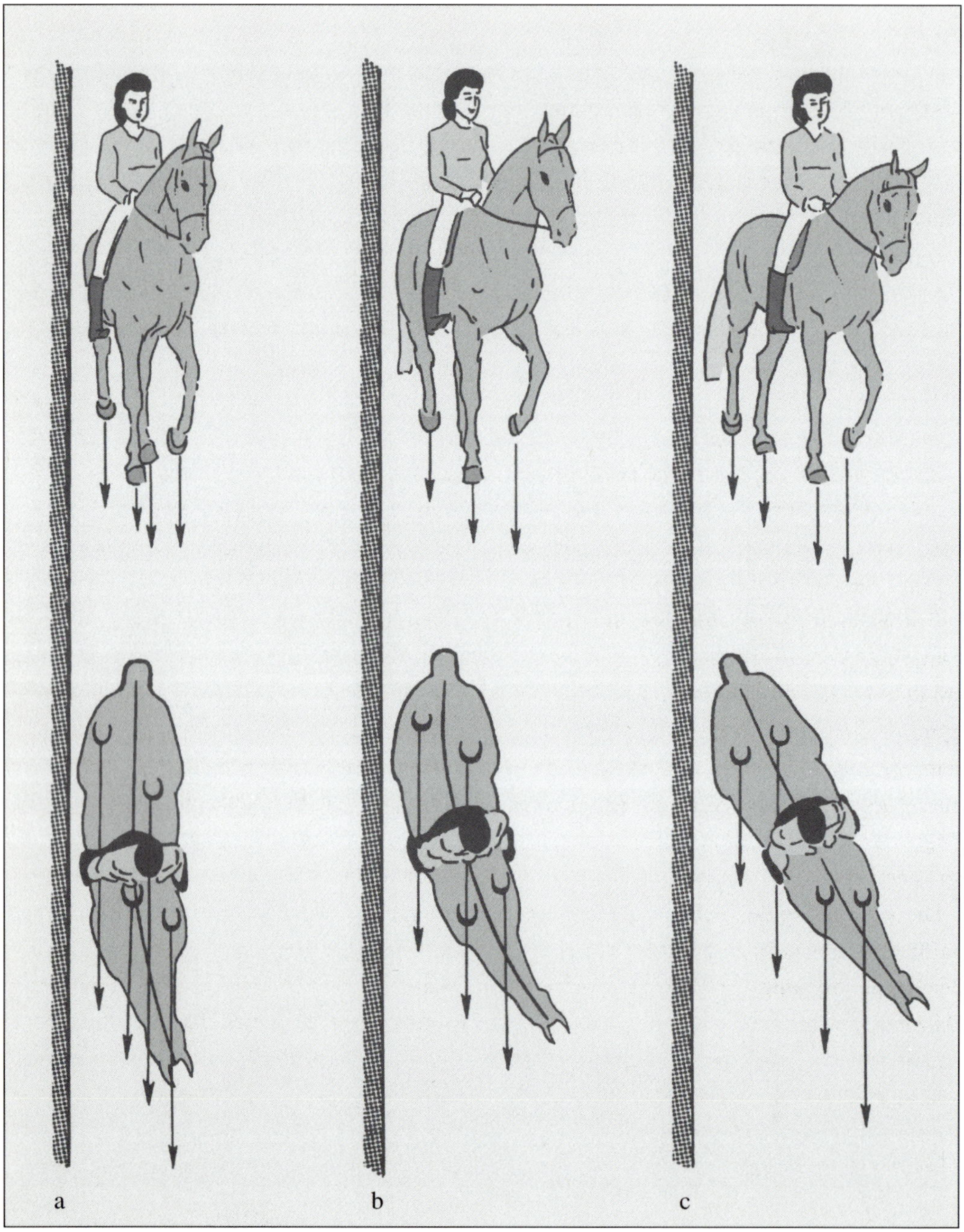

Abb. 45:
a: Schultervor
b: Schulterherein
c: Schenkelweichen (zum Vergleich)

vergrößert", so daß das junge Pferd lernen kann, sich mit Längsbiegung auf zwei Hufschlägen zu bewegen. Später kann man aus dem Zirkel auf eine gerade Linie am Hufschlag entlang übergehen, wobei die Biegung um das innere Bein beibehalten werden muß.

Man darf nie mehr verlangen, als das Pferd bereit ist zu geben. Jede gewaltsame Einwirkung würde *Losgelassenheit* und *Takt* stören. Diese Elemente dürfen jedoch bei keiner Lektion fehlen.

Zur Vorbereitung für das Schulterherein hat sich das **Schultervor** bewährt. Hier entspricht die Längsbiegung derjenigen auf einem Zirkel von etwa 15 m Durchmesser.

Bis das Pferd das Schulterherein aus einer 6-m-Volte heraus mühelos entwickeln und erhalten kann, vergeht eine ganze Zeit. Viel gymnastizierende Biegearbeit wird nötig sein, um allmählich dem Ziel näher zu kommen. Niemals darf der Hals mit dem inneren Zügel aus seiner Verankerung mit der Schulter „herausgezogen" werden.

Die Anlehnung des äußeren Zügels sorgt dafür, daß die seitliche Biegung des Halses der Rippenbiegung des Pferdes entspricht. Dabei möchte ich betonen, daß das Schulterherein - wie jede Lektion - nicht einen Selbstzweck hat, sondern lediglich ein „Mittel zum Zweck" ist, nämlich dem Stabilisieren des Gleichgewichts und der Durchlässigkeit sowie der Vorbereitung zur Versammlung.

Allmählich wird das Pferd die perfekte Ausführung des Schulterhereins beherrschen, Voraussetzung für Travers, Renvers und Traversalen. Diese Lektionen gehören nicht zur Grundausbildung, ich möchte jedoch folgendes betonen: Keine dieser Lektionen kann je korrekt ausgeführt werden, wenn zuvor das Schulterherein nicht korrekt geritten und gefestigt ist. Das geht nicht von heute auf morgen!

Die Beurteilung des Schulterhereins ist nicht einfach. Schenkelweichenartiges „Schulterherein" ist in Bezug auf die genannten Elemente absolut wertlos. Ein Kriterium des Schulterherein ist, daß der Schweif nahezu parallel zur Wand (d.h. auch parallel zu der Linie innerer Hinterfuß - äußerer Vorderfuß) stehen muß. Zeigt der Schweif zur Wand, ist mit der Biegung etwas nicht in Ordnung. Im Gegensatz zum Schenkelweichen reiten wir ja Schulter*herein*, nicht Kruppe *heraus*. Über allem aber steht die Korrektheit der bekannten Elemente des TRAININGSBAUMS. Wenn nur eines dieser Elemente Mängel aufweist, kann „das beste Schulterherein" nicht als „befriedigend" gewertet werden. Ein guter Richter wird das zu würdigen wissen.

SCHWUNG

9. ELEMENT DES TRAININGSBAUMS

„Die Kräfte der Hinterhand sind nur wirksam, wenn das Pferd ‚in den Schienen' bleibt."

Schwung ist „die Übertragung des energischen Impulses aus der Hinterhand auf die Gesamtvorwärtsbewegung des Pferdes über einen federnd schwingenden Rücken (‚Rückengänger') und einen losgelassenen Hals. In ihm zeigt sich die Geschmeidigkeit des Pferdes und seine Bereitschaft, sich selbst zu tragen und vom Boden abzufedern" (USDF-Handbuch für Richter).

Schwung gibt es nur in den Gangarten, die eine Phase der freien Schwebe aufweisen, d.h., einen Augenblick lang befindet sich kein Bein des Pferdes am Boden. Je mehr Schwung der Reiter zu erzeugen vermag, desto ausgeprägter ist diese Phase. Trab und Galopp werden eleganter und bekommen mehr Ausdruck. Im Schritt kann kein *Schwung* erzeugt werden, da sich das Pferd abwechselnd mit zwei oder mit drei Beinen am Boden befindet.

Die richtige Reaktion auf die halben Paraden ist der Schlüssel zur Schwungentfaltung.

Durch die halben Paraden regen wir die Hinterhand zu vermehrter Aktivität an. Sobald wir die gewünschte Reaktion erfühlen, die sich in mehr Selbsthaltung, Leichtigkeit und Ausdruck zeigt, *erlauben* wir dem Pferd, diese Energie in Verstärkungen oder in Versammlung umzusetzen.

Manchmal wird die Frage gestellt: „Mein Pferd führt alle Lektionen korrekt aus; nur an den Trabverstärkungen mangelt es; können Sie mir diesbezüglich einen Rat geben?" Nachdem ich den betreffenden Reitern eine Weile zugeschaut habe, fallen mir meistens die folgenden Dinge auf: Die Pferde bewegen sich schief oder ungleichmäßig, sind vielleicht im Rücken verspannt, zeigen verkürzte Tritte oder weisen einen Mangel an Durchlässigkeit und *Schwung* auf.

In all diesen Fällen fällt meine Antwort ähnlich aus: „Es tut mir leid, ich kann Ihnen im Moment nicht weiterhelfen; Ihrem Pferd fehlen sämtliche Voraussetzungen für die Verstärkungen. Bemühen Sie sich zuerst um eine solide *Grundausbildung*, bevor Sie an die Verstärkungen überhaupt nur denken; der TRAININGSBAUM wird Ihnen dabei helfen. Dann tschüs - bis zum nächsten Frühjahr."

Ähnliche Bemerkungen sind schon im Kapitel „Unveränderliche Grundsätze" gefallen.

Leider aber kann man immer wieder sehen, wie Pferde in Lektionen gedrillt werden, für die ihnen jede Grundlage fehlt. Wie in eine Art „Zwangsjacke" gesteckt haben sie jedoch die Freiheit ihrer Gänge, ihre Leichtigkeit und ihre Schönheit verloren. Diese Art von „Dressur" ist nicht, was wir wollen.

Manche Leute sind der Meinung, Schwung sei lediglich das Resultat einer aktiven Hinterhand.

Dies ist sicherlich nicht falsch. Der Kernpunkt ist jedoch der *schwingende* Rücken, durch den es für den Reiter zum Genuß wird, den „Wellen" zu folgen und Schwung und eine verlängerte Schwebephase zu erzeugen.

Der „Rückengänger" läßt den Schwung durch und läßt die ausdrucksvollen Verstärkungen zum Genuß sowohl für Reiter und Pferd wie auch für die Zuschauer werden.

Der „Schenkelgänger" mag zwar spektakuläre Stechschritte zeigen, geht jedoch nicht über den Rücken und läßt den Reiter aus diesem Grund auch nicht sitzen. Der Reiter bemüht sich, diese *„atemberaubenden Verstärkungen"* auszusitzen, indem er mit den Beinen klammert und sich überall verspannt. Ein guter Richter läßt sich von einem solchen *Bewegungskünstler* nicht beeindrucken. Für die Entwicklung des Schwungs muß das Pferd „in der Spur" fußen, d.h. die Hinterhand muß unter den Schwerpunkt treten. Der Reiter muß ein Gefühl für das Gangmaß und für den Takt innerhalb der Gangarten besitzen. Die Reinheit des Taktes steht bei der Schwungentfaltung an erster Stelle!

Nachdem der Schwung gefestigt ist, kann der Reiter damit beginnen, die Erhabenheit der Bewegungen - „die deutliche Akzentuierung des Rhythmus durch federnde Geschmeidigkeit" - zu verbessern.

So wie die Durchlässigkeit (8) ist auch der Schwung (9) ein Element der Phase C des TRAININGSBAUMS, in der wir bereits auf die Klasse L hinarbeiten. Die Qualität von Durchlässigkeit und Schwung sind gravierende Kriterien für die Beurteilung eines L-Pferdes.

Nur bei äußerst talentierten Pferden dürfen wir echte Durchlässigkeit und Schwung schon vor dem letzten halben Jahr der Grundausbildung erwarten. Sind diese Elemente einmal gefestigt, können wir allmählich die *versammelnde* Arbeit in unsere tägliche Ausbildung miteinbeziehen.

VERSAMMLUNG
10. ELEMENT DES TRAININGSBAUMS

„Wo Gewalt beginnt, endet die Kunst."
(Oberst Bengt Ljungquist)

Gegen Ende des ersten Jahres der *Grundausbildung* ist unser vierbeiniger Freund viereinhalbjährig und *an den Hilfen.* Seinem Reiter vertrauend, bewegt er sich selbstbewußt im Schritt, Trab und Galopp in seinem natürlichen Rahmen. Er ist mit der Cavallettiarbeit vertraut und hat Freude am Springen kleinerer Hindernisse in der Bahn und im Gelände. Seit der Einbeziehung der *geraderichtenden* Arbeit (6. Element) in das tägliche Training, hat unser Pferd gelernt, sich immer besser auszubalancieren (7. Element) und hat nun das Niveau der Klasse A erreicht.

Im zweiten Jahr erreicht unser Pferd das fünfte Lebensjahr. Es ist nun nicht mehr länger eine junge Remonte. Es ist gesund, gut bemuskelt und mit Eifer bei der Arbeit.

Die Elemente der Phase A und B (Elemente 1 bis 7) bilden nun eine solide Grundlage für die Verfeinerung der Durchlässigkeit (8) und der Verbesserung des Schwungs (9). Von der Qualität dieser Elemente wird es weitgehend abhängen, in welcher Weise unser Pferd auf die ersten Versuche von Versammlung reagiert.

Durch die zunehmende Wirksamkeit der halben Paraden tritt nun das Pferd mit der Hinterhand vermehrt unter den Schwerpunkt. Es richtet sich dabei aus dem Widerist heraus mehr auf, seine Bewegungen werden erhabener und gewinnen an Leichtigkeit und Eleganz. Der gesamte Rahmen des Pferdes erscheint dadurch kürzer (Abb. 46).

Um dies zu erreichen, muß mit Sorgfalt vorgegangen werden. Für gewöhnlich dauert es ein weiteres Jahr, bis sich die notwendige Muskulatur aufgebaut hat, die das Pferd zur Hankenbiegung und Aufrichtung benötigt. Die Hinterbeine, die im ersten Jahr hauptsächlich *Schubkraft* zu erzeugen hatten (Phase B des TRAININGSBAUMS), müssen nun zusätzlich die für die Versammlung notwendige *Tragkraft* entwickeln (Phase C).

Violet Hopkins, die „First Lady" der amerikanischen Dressurszene, hat das meines Erachtens sehr gut ausgedrückt:

„Nachdem das Pferd die Reiterhand angenommen und sich an das Gebiß herangedehnt hat, muß dem Reiter bewußt sein, daß er als nächstes für mehr Aktivität der Hinterhand und ein stärkeres Aufwölben des

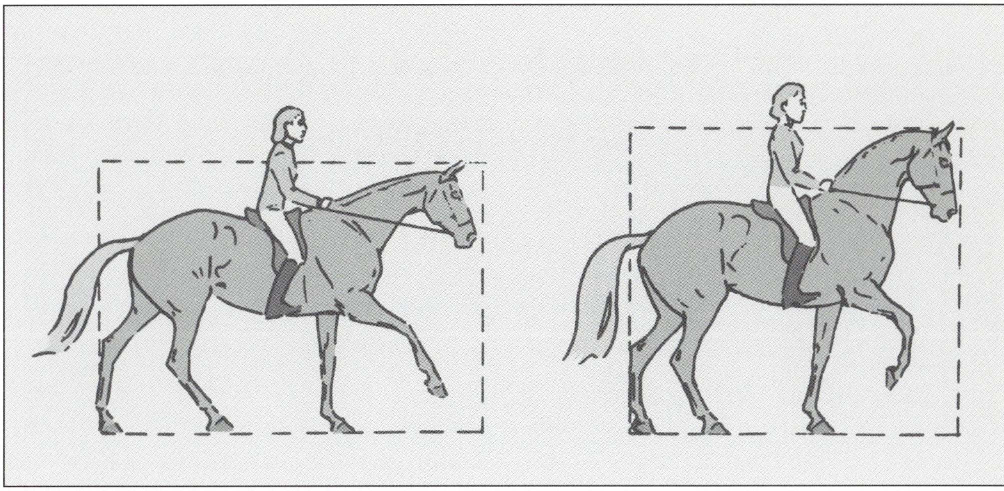

Abb. 46: Verschiedene Rahmen des Pferdes im Galopp
Links: natürlicher Galopp (während der ersten Phase der Ausbildung).
Rechts: versammelter Galopp (nach abgeschlossener Grundausbildung).

Rückens sowie für die Entlastung der Vorhand sorgen muß. Vermehrtes Untertreten der Hinterhand sollte ein Aufwölben des Rückens und ein Abkippen im Genick zur Folge haben."

„Wenn das Pferd mehr Kraft gewonnen hat und seine Muskeln besser beherrscht, verschiebt sich der Schwerpunkt mehr zur Hinterhand hin. Die Vorhand richtet sich auf, und das Gewicht ist nun gleichmäßiger auf alle vier Füße verteilt. Dies ist der Ausgangspunkt für die Versammlung. Von diesem Zeitpunkt an hängt der weitere Fortschritt auf dem Weg zu den höheren Klassen von dem Wissen und Können des Reiters ab."

Im *Halten* steht das versammelte Pferd „geschlossen", so daß im Idealfall eine senkrechte Linie von der Hüfte bis zu den Zehen des Hinterfußes verläuft (Abb. 47). Versammlung ist keine natürliche Eigenschaft des Pferdes, sondern Ergebnis einer speziellen Ausbildung durch einen erfahrenen Reiter.

Ob sich die Pferde für die Versammlung eignen, hängt von ihrem Körperbau und ihrer psychischen Einstellung ab. Manche Pferde sind dafür sehr geeignet, andere wiederum überhaupt nicht. Man kann beinahe jedem Pferd Dressurlektionen beibringen, aber nicht jedes Pferd ist auch ein Dressurpferd!

Beim Kauf eines potentiellen Dressurpferdes sollte man besonders auf seine Veranlagung zur Versammlung achten und sich nicht von einem „atemberaubenden Trab" blenden lassen. Viele Pferde zeigen, wenn sie sich frei bewegen, mit hoch erhobenem Schweif die tollsten Bewegungen, was jedoch nur als Zeichen von Aufregung und Verspannung gewertet werden darf. Wir sollten uns davon nicht beeindrucken lassen;

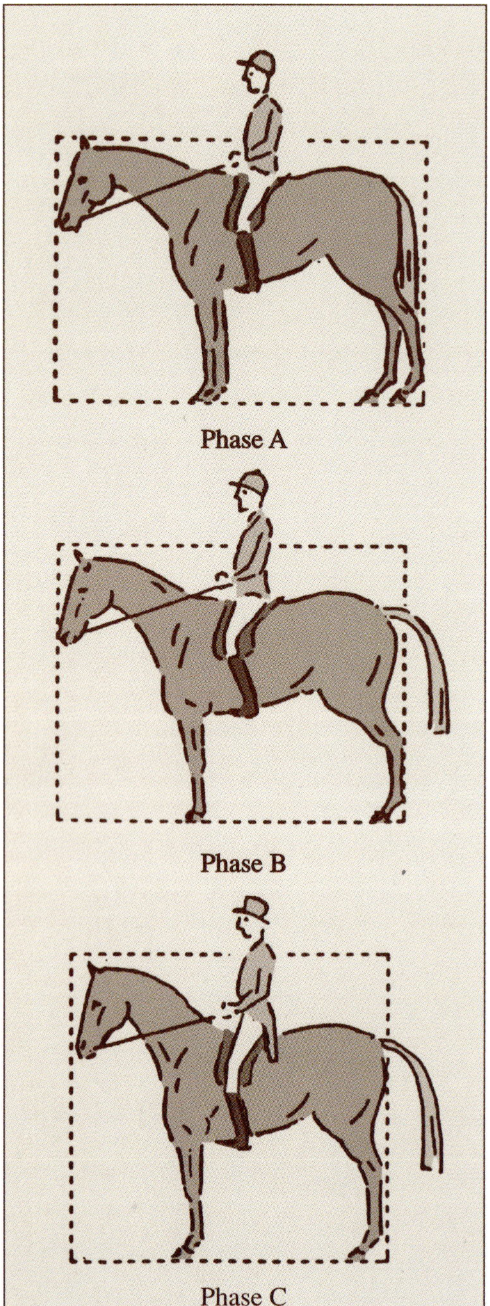

Abb. 47: Das Pferd beim Halten in unterschiedlichen Rahmen gemäß Trainingsbaum:
in Phase A („offen")
in Phase B („an den Hilfen")
in Phase C („geschlossen")

es ist die *Fähigkeit* zur *Versammlung*, die wir sehen wollen. Diese zeigt sich in der Art, wie sich das Pferd ausbalanciert und seine Hinterbeine bei Wendungen und beim Kehrtmachen einsetzt. In den höheren Klassen kommt es auf die *Versammlung* an, die dann die Präzision, Leichtigkeit und Kadenz der Bewegungen ausmacht.

Es gibt Studien über den idealen Körperbau und die ideale Winkelung der Vor- und Hinterhand bei Dressurpferden. Ich meine, man sollte dies nicht überschätzen. Wir wollen schließlich keine Statue für den Park kaufen, sondern ein Pferd, das sich bewegen kann.

Das hochveranlagte zukünftige Dressurpferd, das von Natur aus ausbalanciert ist und von Anfang an unter dem Reiter „tanzt", ist ein Geschenk der Natur, mit dem besonders sorgfältig umgegangen werden muß. Es gehört ein großes Maß an Selbstdisziplin und Verständnis dazu, die Versammlungsbereitschaft des Pferdes nicht auszunutzen, bevor es nicht physisch und psychisch für das 10. Element des TRAININGSBAUMS bereit ist.

Gerade hier scheint mir ein Grund dafür zu liegen, warum so viele hochbezahlte Dressurhoffnungen ihre in sie gestellten Erwartungen nicht erfüllen konnten. Mit Gesundheitsproblemen verschwanden sie von der Bühne, bevor sie ihre volle Reife erlangt hatten.

Perfektion in der Versammlung ist *nicht* das Ziel der *Grundausbildung*. Wir führen dieses neue Element nur ein, indem wir die Hinterhand mehr „heranholen", und sind mit

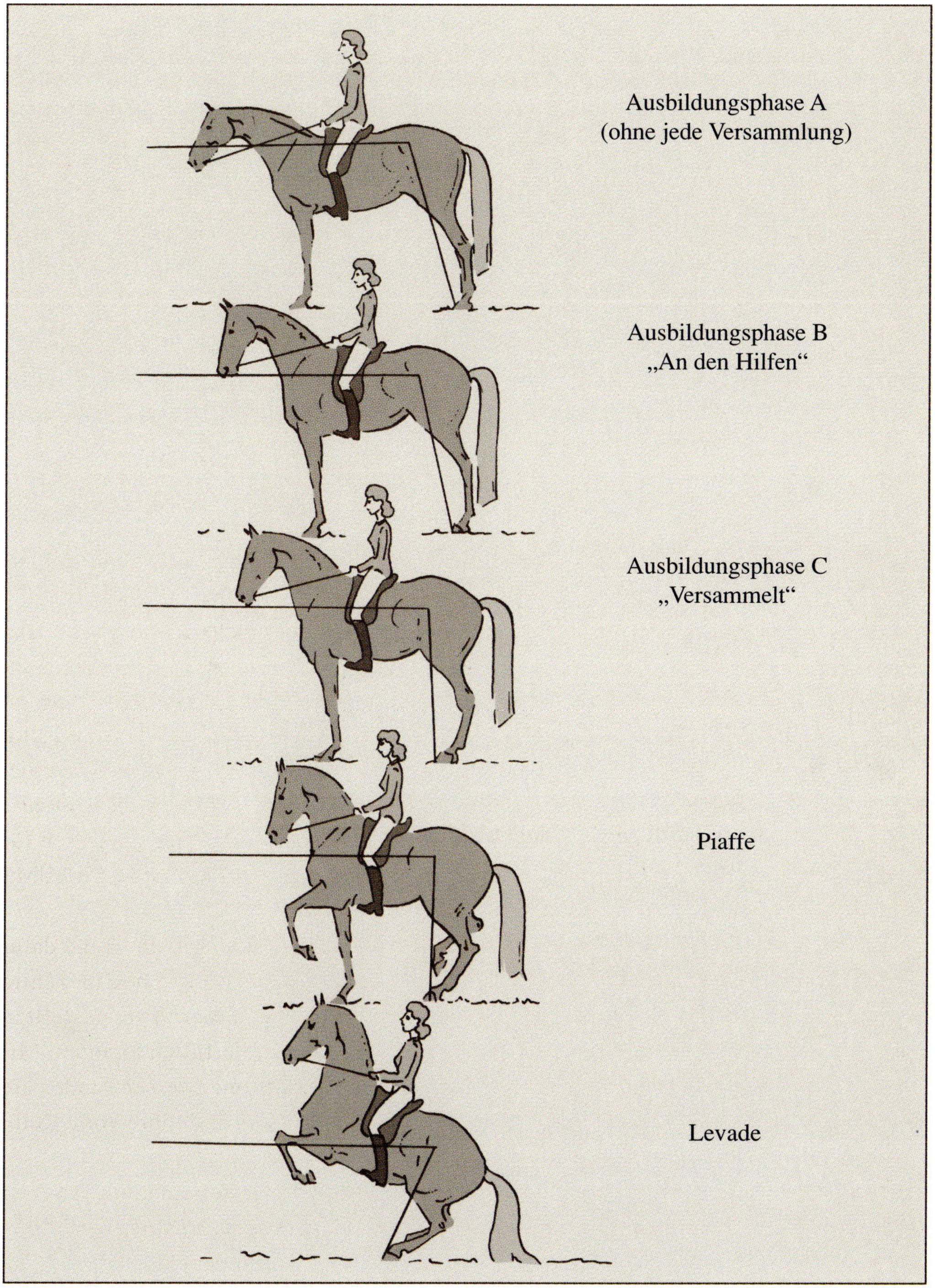

Abb. 48: Das Prinzip der Versammlung nach W. Müseler. Man beachte: Aufrichtung und Erhabenheit der Bewegungen resultieren einzig und allein aus der Hankenbiegung und der Senkung der Kruppe.

einem größeren Maß an Selbsthaltung und Schwung zufrieden. Wir wollen dabei die Energie, die durch das Pferd fließt, fühlen und Takt und Balance regulieren können. Jede übertriebene Forderung wäre falsch, sie würde nur Verwirrung stiften und Verspannungen zur Folge haben.

Auf dem Wege zur Versammlung in der Phase C muß nun zusätzlich zur Schubkraft der Hinterhand allmählich deren Tragkraft entwickelt werden. Dies ist nicht einfach und erfordert schon eine ganze Portion reiterlichen Könnens. Wer aber fühlt, daß sein Pferd auf halbe Paraden anspricht, hat alle Voraussetzungen, hier erfolgreich arbeiten zu können.

Diese Phase der Ausbildung erfordert deshalb besonderes Können, da ja, wie schon erwähnt, die versammelten Gänge dem Pferd nicht von der Natur gegeben sind. Kein Pferd in Freiheit wird im versammelten Trab daherkommen. Wir müssen dem Pferd also die versammelten Gänge in geeigneter Weise verständlich machen. Im Laufe der Zeit werden sich die „Hosen" (die Muskeln der Hinterschenkel) bilden und das Pferd wird die Kraft haben, „sich zu tragen".

Zum wiederholten Male sei aber hier gesagt, daß jede versammelnde Arbeit (10. Element) scheitern muß, wenn das Pferd nicht in den vorausgehenden Elementen (6, 7, 8, 9) gefestigt ist.

Wenden wir uns nun Abb. 48 zu. Diese grafische Darstellung aus W. Müselers **Reitlehre** ist mit weiteren instruktiven Zeichnungen in der Reitliteratur oftmals kopiert worden. In der Tat gibt es keine bessere Möglichkeit, das Prinzip der Versammlung zu veranschaulichen. Ein *an den Hilfen* stehendes Pferd (5. Element), das *geradegerichtet* (6. Element), *ausbalanciert* (7. Element), *durchlässig* (8. Element) ist und *Schwung* (9. Element) entwickelt hat, ist für die *versammelnde* Arbeit bereit. Wie bereits erwähnt, dient diese Reihenfolge nicht nur als Richtlinie für das zweite Jahr der *Grundausbildung*; sie ist auch Leitlinie für die tägliche Arbeit.

Jede Trainingsstunde beginnt mit der *lösenden* Phase (1. Element) und sollte auch mit einem entspannten und zufriedenen Pferd beendet werden. Längeres Schrittreiten vor und nach der Arbeit muß immer „drin" sein.

Der Schlüssel zur *Versammlung* liegt in der richtigen Ausführung der *halben Parade* und in der korrekten Abstimmung dieser einzigartigen Hilfe auf die Bewegungen des Pferdes. Es versteht sich von selbst, daß die halbe Parade nur dann durchkommen kann, wenn das Pferd geradegerichtet ist und sich somit „in den Schienen" bewegt.

Durch die Kreuzeinwirkung („Kippen des Fasses") und die treibenden Schenkelhilfen wird die Schubkraft der Hinterhand verstärkt und durch die Zügelhilfen wieder aufgefangen, wodurch das Pferd *versammelt* wird. Die *Schubkraft* der Hinterhand wird somit durch vermehrtes Untertreten unter den Schwerpunkt in Tragkraft umgewandelt. Dadurch wird die Vorhand entlastet und die Hilfengebung verfeinert.

Eines darf man jedoch nicht vergessen: Die Aufrichtung darf nur als Resultat der Hankenbeugung zustandekommen! Andern-

Abb. 49: Mißverstandene „Aufrichtung" - das Pferd ist im ganzen Körper verspannt, die Hanken sind nicht gebeugt, das Pferd ist in keiner Weise versammelt.

falls ergibt sich das in Abb. 49 gezeigte Bild. Pferde, die sich „auf den Zügel legen", suchen gewissermaßen ein fünftes Bein, um sich auf der überlasteten Vorhand im Gleichgewicht zu halten.

Hier nützt es gar nichts zu versuchen, mit der Hand den Kopf hochzuziehen (man kann sich nicht an den eigenen Haaren aus dem Sumpf ziehen), sondern man muß sich eine *Unterlage* schaffen (Hinterhand herbeiholen), um sich und sein Pferd wieder ins Gleichgewicht zu bringen. Sämtliche Übergänge sowie das Zirkel Verkleinern und Vergrößern, Lektionen wie die 8-m-Volte, Schulterherein oder Außengalopp eignen sich gut zur Förderung der Durchlässigkeit und somit auch der Versammlung. Das Hankenbiegen oder „halbe Tritte" sind nicht Inhalt der *Grundausbildung*.

Die Arbeit in der Versammlung ist für das Pferd anstrengend; aus diesem Grund wird dieses vermehrte Gewichtaufnehmen zunächst nur für kurze Zeitspannen gefordert, damit das Pferd sich immer wieder entspannen und die angestrengten Muskeln sich wieder erholen können.

Zu langes Arbeiten in der Versammlung führt zu Taktunreinheiten und Verspannungen. Das „Zügel-aus-der-Hand-kauen-lassen" ist auch hier eine unerläßliche Übung zur Überprüfung der Losgelassenheit des Rückens nach der Arbeit in der *Versammlung*.

Das gut ausgebildete Pferd kann diese Übung, unabhängig von seinem Leistungsstand, im Schritt, Trab und Galopp ausführen. Aus diesem Grund wird diese elementare Übung auch im ersten Teil des PRIX ST. JAMES ausdrücklich verlangt. *Ahlerich*, der Olympiasieger mit Dr. Reiner Klimke, hat diese Lektion vorbildlich beherrscht.

Die Kandare ist *kein* Werkzeug, um *Versammlung* zu erreichen. Kann der Reiter sein Pferd nicht mit einem normalen Trensengebiß versammeln, so muß er dies lernen. Die Kandare dient lediglich der Verfeinerung der Hilfen, nachdem das Pferd gelernt hat, sich selbst zu tragen.

Die Richter müssen hierfür ein Auge haben und den Mut aufbringen, dies auch entsprechend zu benoten!

Der PRIX ST. JAMES erleichtert diese Bewertung, weil die „Gesamtnoten" mehr Gewicht haben. Reiter, die ihre Pferde offensichtlich in die Versammlung *zwingen*, müssen zur Fairneß gegenüber dem Pferd ermahnt werden.

Mit Erlangung des Verständnisses für die Versammlung kann die Grundausbildung als abgeschlossen betrachtet werden. Unser Pferd hat nun, nach etwa zweijähriger Ausbildung nach dem Konzept des TRAININGSBAUMS, ein solides Fundament. Es ist dressurmäßig bis an die Klasse L herangekommen, ist mit kleineren Hinternissen aller Art vertraut und weiß sich im Gelände zu bewegen. Es ist körperlich fit und vertraut seinem Reiter.

Nun ist das Tor für die **Spezialausbildung** offen. Unabhängig davon, auf welche Disziplin wir uns nun spezialisieren wollen - sei es die Dressur, das Springen oder die Vielseitigkeit -, werden wir weiterhin einem wohldurchdachten Plan folgen, der sich jetzt vermehrt an dem Leistungsvermögen des Pferdes orientieren wird.

Bei allen Überlegungen aber haben wir das Wohlbefinden unseres Pferdes im Auge; nur dann werden wir auf Dauer einen leistungsbereiten Partner haben, auf den wir uns jederzeit verlassen können.

GEDANKEN ÜBER DIE HUFSCHLAGFIGUREN

„Exaktheit ist das Ergebnis ständigen geduldigen Bemühens."

Gute Reitlehrer verwenden viel Zeit und Energie darauf, ihren Schülern korrekte Hufschlagfiguren beizubringen.

Der Grund liegt darin, daß das ständige Bemühen, diese Figuren exakt zu reiten, für die Ausbildung von Pferd und Reiter von großem Nutzen ist.

Die Hufschlagfiguren fordern vom Reiter die korrekte Anwendung der Hilfen und erlauben dem Ausbilder, Schlüsse über den Fortschritt seines Schülers ziehen. Der Reiter lernt, sich auf sein Gefühl und auf exaktes Reiten zu konzentrieren; das Pferd hat so die Möglichkeit, die für seine Aufgabe unter dem Reiter erforderliche Muskulatur und Fähigkeiten mit einem Minimum an Anstrengung zu entwickeln.

Die Hufschlagfiguren sind von den alten Reitmeistern entworfen und an uns weitergegeben worden. Sie sind in den **Richtlinien für Reiten und Fahren, Band 1** (dem offiziellen Handbuch für Reitlehrer) und in der **Reitlehre** von W. Müseler aufgeführt. Beide Bücher werden auch von der USDF empfohlen.

Die Hufschlagfiguren dienen keinem Selbstzweck. Sie sind das beste Hilfsmittel für die Ausbildung des Pferdes und absolut unerläßlich für die Ausbildung des Reiters. Das Pferd lernt, auf die Hilfen des Reiters zu achten, und der Reiter lernt, seine Hilfen abzustimmen und zu präzisieren.

Nur wenn sich der Reiter bemüht, die Hufschlagfiguren so korrekt wie möglich zu reiten, können Pferd und Reiter voneinander profitieren.

Anfänger sollten zu Beginn in einer geschlossenen Reithalle üben, da die Pferde hier am wenigsten abgelenkt werden. Sobald sie ihre Pferde genügend beherrschen, um ordentliche Hufschlagfiguren ausführen zu können, müssen sie dies auch unter anderen Bedingungen beweisen.

Gewissenhafte Reiter wissen, wie wichtig die Hufschlagfiguren sind. Um perfekte Ausführung bemüht, konzentrieren sie sich auf die Verbesserung ihrer Haltung und auf die Feinabstimmung der Hilfen. Selbstdisziplin, ein ruhiger Sitz und unsichtbare Hilfen sind gute Voraussetzungen für die erwünschte Zusammenarbeit mit dem Pferd. Die an der Bande der Reitbahn angebrachten Buchstaben sind zwar bekannt, nützen jedoch gar nichts, wenn man sie nicht beachtet. Sie zei-

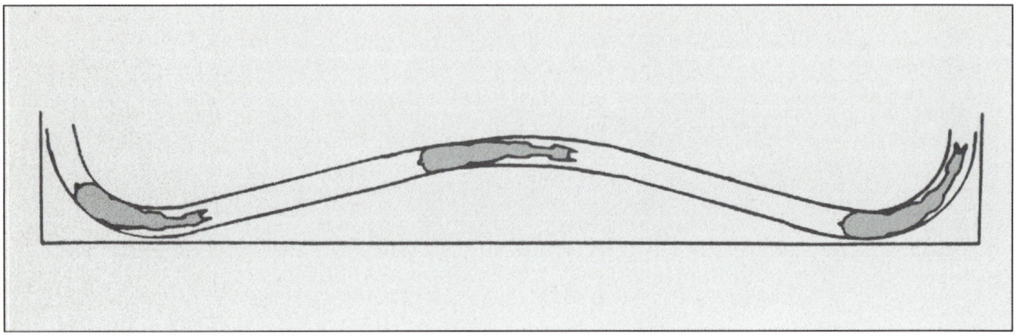

Abb. 50: Korrekte einfache Schlangenlinie (geradegerichtet „in den Schienen").

gen oftmals den Beginn oder das Ende einer Hufschlagfigur, Lektion oder den Übergang in eine andere Gangart an. Es erfordert viel Übung, sich genau nach den Bahnpunkten zu richten.

In Deutschland werden einige der Buchstaben (H, K, F und M) sowie die Zirkelpunkte auch als „Paradepunkte" bezeichnet, da wir hier *Balance*, *Durchlässigkeit* und *Schwung* durch halbe Paraden überprüfen.

Möchte man an Dressurprüfungen teilnehmen, muß man damit vertraut sein, nach den Bahnpunkten zu reiten. „Halten bei C" bedeutet *Halten* bei C (das Knie des Reiters muß am Punkt sein) und „Bei A im Arbeitstempo angaloppieren" bedeutet, daß der erste Galoppsprung bei A und nicht ein oder zwei Meter danach erfolgt. Die exakte Ausführung der Hufschlagfiguren sowie das korrekte Reiten der Ecken sollte einem in Fleisch und Blut übergehen, um sich während der Prüfung auf andere wichtige Dinge konzentrieren zu können.

Die Wechsellinien müssen gerade sein, Zirkel gleichmäßig rund und Schlangenlinien symmetrisch angelegt werden. Dies klingt zwar einfach, ist es aber nicht! Den meisten Leuten fällt es schwer genug, diese Muster von Hand aufzuzeichnen. Eine Volte muß genau da enden, wo sie angefangen wurde.

Anfänger benötigen anschauliche Hilfe, um die Ausführung der Hufschlagfiguren zu erlernen. Kegel oder Stangen, die auf den Boden gelegt werden oder auch das Ziehen von Linien mit einem Rechen sind Hilfsmittel, damit der Anfänger das nötige Gefühl für die Figuren entwickeln kann.

Das Reiten von Hufschlagfiguren auf einem frisch durchgerechten Boden ist faszinierend und lehrreich zugleich, bietet es doch dem Reiter die einzigartige Gelegenheit, seine Leistung selbst zu überprüfen.

Mit Ausnahme des Schenkelweichens werden die in der *Grundausbildung* verwendeten Hufschlagfiguren auf *einem* Hufschlag geritten, d.h., das Pferd bleibt auf geraden wie auch auf gebogenen Linien „in den Schienen". Dies erfordert ein geschmeidiges, nach beiden Seiten biegsames Pferd (siehe auch *Geraderichtung*, 6. Element). Schiefe oder verspannte Pferde lassen sich

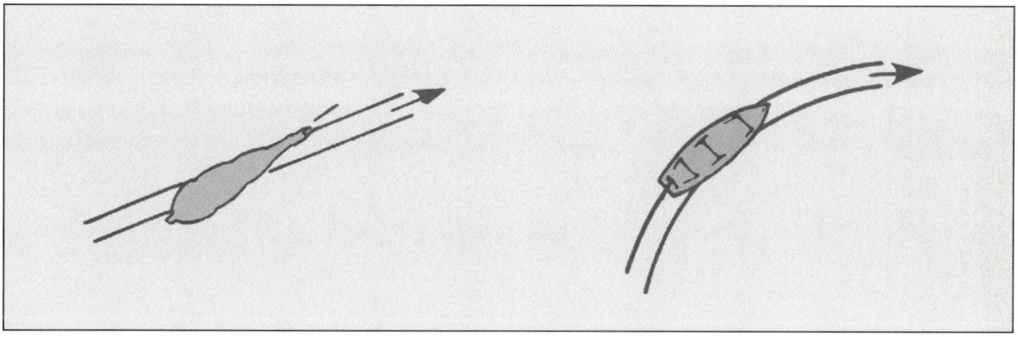

Abb. 51: Links: schief auf gerader Linie. Rechts: Steif wie ein Schiff in der Wendung.

nicht auf einen Hufschlag einstellen, sie „spuren" nicht und fallen mit Vor- oder Hinterhand aus.

Auch in Dressurprüfungen sieht man oft Pferde, die sich schief bewegen und „aus den Schienen" geraten.

Die Arbeit auf dem Viereck wird durch die Hufschlagfiguren lehrreicher und interessanter. Ausbilder, die dies außer acht lassen, können nicht ernst genommen werden. Ihrem Unterricht liegt kein System zugrunde, und sie haben keine Kontrolle über den Fortschritt ihrer Schüler.

Auch Ecken sind Hufschlagfiguren, und zwar sehr wichtige! Richtig geritten sind sie ein Viertel des kleinsten Kreises, den ein Pferd seinem Ausbildungsstand entsprechend beschreiben kann, ohne mit der Schulter oder der Hüfte auszufallen (aus den Schienen zu geraten). Hieraus wird klar, daß

Abb. 52: Richtig: durch die ganze Bahn wechseln.
Falsch: über die geforderte Linie hinauszureiten.

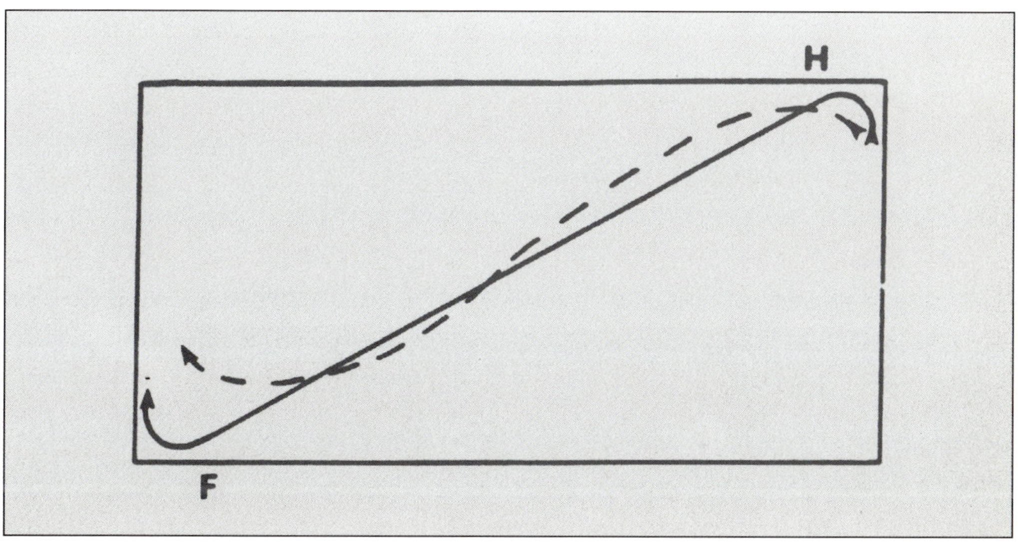

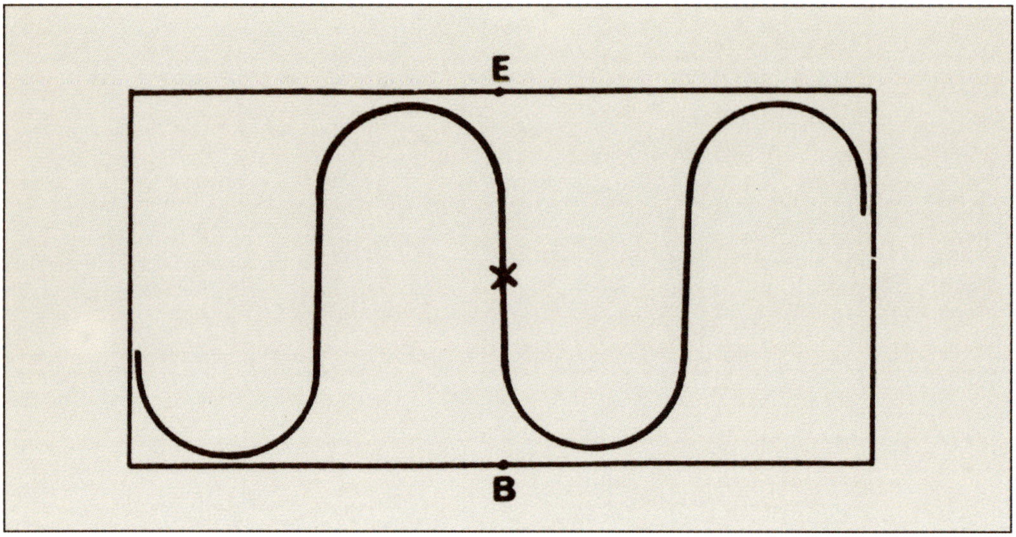

Abb. 53: Korrekte Schlangenlinien durch die Bahn sind schwieriger, als man zunächst annehmen mag.

mit erhöhtem Ausbildungsstand die Ecke enger geritten werden muß. Als Anhalt mag die Darstellung auf Seite 105 dienen.

Das saubere Reiten von Ecken sagt viel aus über die Ernsthaftigkeit und das Können der Reiter. „Wer Ecken richtig reiten kann, hat das Wesentliche der Dressur begriffen." In diesem Bonmot liegt viel Wahres.

Der Reiter muß nämlich in der Lage sein, unsichtbare, aber wirksame halbe Paraden gehen zu können (das erfordert zunächst einmal einen gesicherten Sitz), um vor und während des Druchreitens der Ecke nicht nur Balance, Takt und Schwung zu erhalten, sondern auch Engergie zu erneuern, die möglicherweise auf der Geraden verloren gegangen ist.

Ich hörte einmal in Amerika die Ansicht, daß „die Deutschen immer gewinnen, weil sie die Ecken richtig nutzen".

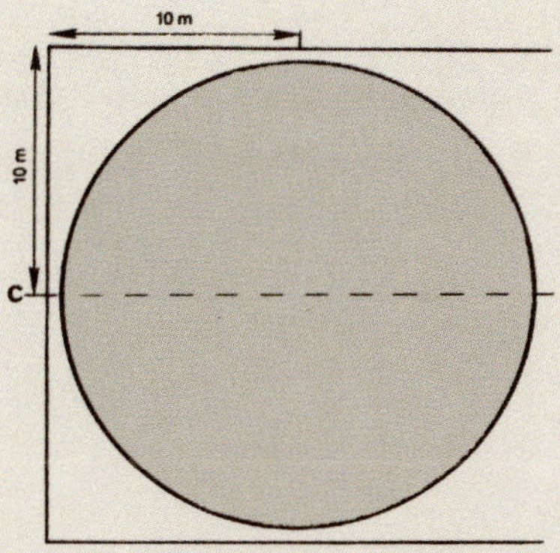

Normaler Zirkel mit einem Durchmesser von 20 m

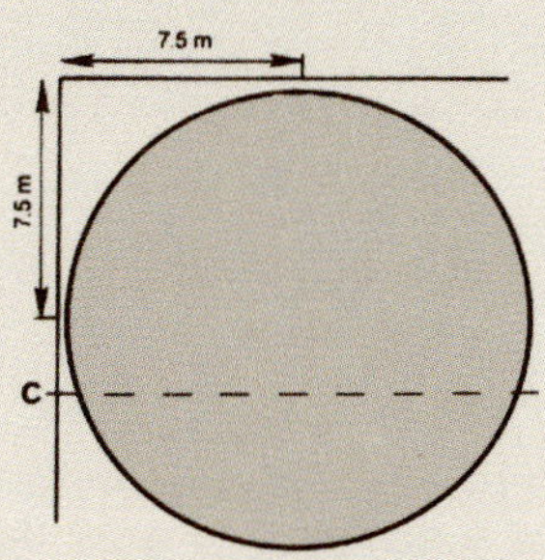

Zirkel mit einem Durchmesser von 15 m (Ausbildungsphase A, auf dem Weg zur Klasse E)

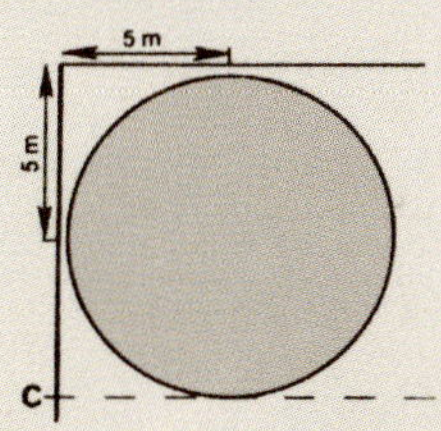

Volte mit einem Durchmesser von 10 m (Ausbildungsphase B, auf dem Weg zur Klasse A)

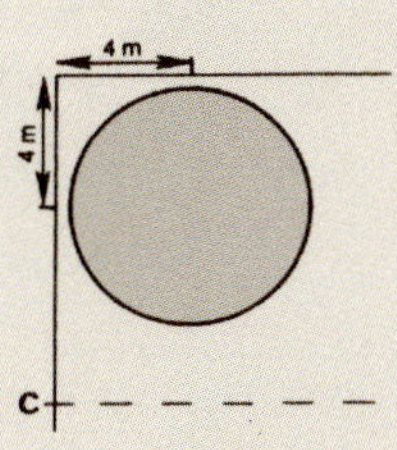

Volte mit einem Durchmesser von 8 m (Ausbildungsphase C, auf dem Weg zur Klasse L)

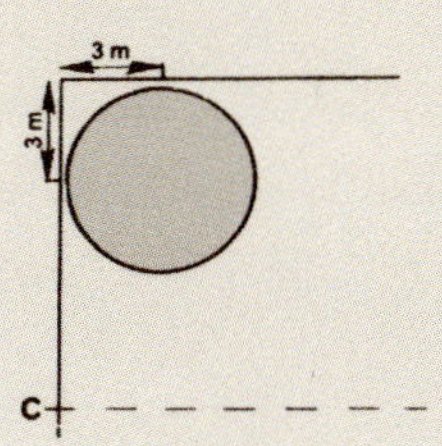

Volte mit einem Durchmesser von 6 m (auf dem Weg zur Klasse M und höher)

Abb. 54 : Zirkel, Volten und Ecken, die in ihrem Durchmesser dem jeweiligen Ausbildungsstand angepaßt sind.

GEDANKEN ÜBER DIE LEKTIONEN

„Handwerkliches Können ist Vorbedingung für den Künstler"

Dressurarbeit ist Gymnastizierung. Das Pferd soll körperlich und geistig in die Lage versetzt werden, seine naturgegebenen Fähigkeiten auch unter dem ungewohnten Gewicht des Reiters zu entfalten und die dazu notwendigen Muskeln zu entwickeln. Es soll dabei gehorsam gemacht werden mit dem Ziel, daß es schließlich „den Eindruck vermittelt, als führe es die von ihm verlangten Übungen freiwillig und ohne jeden Zwang aus". Es soll dabei immer schöner und ausdrucksvoller werden, voller Vertrauen und Harmonie mit seinem Reiter.

Die für die Gymnastizierung anzuwendenden Übungen nennen wir Lektionen. So gibt es Lektionen, die geeignet sind für die Arbeit in der Phase A und solche für die Phasen B oder C des TRAININGSBAUMS. In fast allen Lehrbüchern über Reitausbildung finden wir ausreichend Beispiele darüber, wie die Lektionen aussehen sollen und welche Hilfen dazu notwendig sind. Ich möchte mich daher darauf beschränken, nur auf die folgenden Fragen einzugehen:

- *Welche* Lektionen sind für die verschiedenen Phasen der Ausbildung geeignet?
- *Warum* sind sie besonders hilfreich?
- *Wann* ist es sinnvoll, sie zu verwenden und wann nicht?

Bevor ich auf Einzelheiten eingehe, sollte ich nochmals auf das folgende Grundprinzip hinweisen: Anfänger sollten auf gut ausgebildeten Pferden unterrichtet werden, während auf junge Pferde nur erfahrene Reiter gehören. Derjenige, der als Lehrmeister fungiert, muß seine Aufgabe genau kennen. Treffen beidseitige Unerfahrenheit aufeinander, so endet dies meist mit Enttäuschung und Frust.

Zum besseren Verständnis werfen wir nochmals einen Blick auf den TRAININGSBAUM. Die *Grundausbildung* vollzieht sich in drei verschiedenen Phasen:

Phase A (auf dem Weg zur Klasse E): Das Pferd wird an das Reitergewicht gewöhnt.

Phase B (auf dem Weg zur Klasse A): Entwicklung der Schubkraft.

Phase C (auf dem Weg zur Klasse L): Entwicklung der Tragkraft und Leichtigkeit der Bewegungen.

Jede Phase beinhaltet die bekannten Elemente des TRAININGSBAUMS. Diese Grundeigenschaften werden im täglichen Training mit Hilfe geeigneter Übungen entwickelt.

Nun stellt sich die Frage, woran man erkennt, ob eine Übung geeignet ist? Die Übung ist geeignet, wenn das Pferd in seiner physischen und psychischen Entwicklung dafür bereit ist.

Wir erinnern uns an das zu Beginn dieses Buches aufgeführte Beispiel des Hausbaus. Stets sei mit einer soliden Grundlage begonnen, auf der systematisch aufgebaut wird.

Das gleiche gilt für die Ausbildung. Manche Übungen sind für Phase A, andere für Phase B und C geeignet. Die Übungen der Phase A müssen in Phase B, die Übungen der Phase B in Phase C gefestigt werden. Die Qualität der in Phase B erreichten Arbeit hängt von der Qualität der in Phase A ereichten Arbeit ab. Die gleiche Abhängigkeit besteht zwischen Phase C und B.

Es gibt keine abgekürzten Verfahren, will man nicht den Erfolg gefährden. Arbeitet man an Übungen, die zur Phase C gehören, bevor die Übungen der Phase A gefestigt und die der Phase B genügend entwickelt sind, wäre dies, als ob man das Dach vor dem Keller bauen wollte.

Leider „laborieren" viele Reiter fälschlicherweise an Lektionen herum, für die das Pferd noch nicht vorbereitet ist. Sie verletzen damit das Konzept des TRAININGSBAUMS. Oftmals wird dann beim Pferd die Schuld für Verspannungen und Widersetzlichkeiten gesucht, obwohl schlechtes Reiten der alleinige Grund ist.

So löst beispielsweise die Einführung von fliegenden Wechseln bei einem noch nicht geradegerichteten und ausbalancierten Pferd Verwirrung und Verspannungen aus. Sind hingegen diese Grundelemente bereits gefestigt, so fallen die fliegenden Wechsel dem Reiter „wie reife Früchte in den Schoß".

Tabelle 1 soll als Richtlinie für die richtige Auswahl der Übungen und Lektionen für eine systematische Ausbildung dienen.

Durch die Anwendung der hier empfohlenen Lektionen wird die Leistungsfähigkeit des Pferdes stufenweise aufgebaut. Folgt man dem in der Tabelle aufgezeigten Programm, wird das Fehlerrisiko vermindert, während sich gleichzeitig die Chancen erhöhen, am Ende ein gesundes und leistungsbereites Pferd zu haben!

Das Pferd sollte im Training nie ganz bis an die Grenze seiner Leistungsfähigkeit getrieben werden.

Viele hochtalentierte potentielle Sportpferde, insbesondere Springpferde, haben ihre Karriere genau aus diesem Grund schon vor Erreichung ihrer Reife beendet. Gibt man sich mit einem langsamen und steten Fortschritt zufrieden, so zeugt dies von guter *Horsemanship*. Das Pferd wird es uns danken und - falls notwendig - „über seine Kräfte hinauswachsen".

LEKTIONEN IN ÜBEREINSTIMMUNG MIT DEM TRAININGSBAUM

Geeignete Lektionen (Reihenfolge ist nicht bindend)	Übungszweck
Phase A auf dem Weg zurReitpferdeprüfung	
· Freier Schritt, Trab, Galopp auf geraden Linien am langen Zügel · Arbeitstempo am langen Zügel, Zirkel, Wendungen, aus dem Zirkel wechseln, einfache Schlangenlinien im Trab, sämtliche Handwechselfiguren, leichte Längsbiegung · Dehnen der Oberlinie, das Pferd „in die Tiefe reiten" · Trabstangen, Cavallettis, Freispringen, Geländereiten · Schenkelweichen im Schritt, Vorhandwendung aus der Bewegung · Übergänge Schritt - Trab - Schritt und Trab - Galopp - Trab · Es wird nicht ausgesessen, bevor das Pferd den Rücken hergibt	· Gewöhnung an das Reitergewicht · Stärkung der Rückenmuskulatur · Das Pferd lernt, den Rücken herzugeben, sich zu entspannen und im Rücken zu schwingen, „Rückengänger" · Entwicklung von Losgelassenheit (1), Takt (2) und Raumgriff (3) in allen Gangarten · Das Pferd lernt, auf die treibenden Hilfen zu reagieren und tritt allmählich an die Reiterhand heran · Festigung des Vertrauens zum Reiter
Phase B auf demWeg zur Klasse A	
· Zusätzlich zur Phase A: · Tritte verlängern im Schritt, Trab und Galopp. An den Zügel reiten, Einführung der halben Paraden · Zirkel, Wendungen, aus dem Zirkel wechseln, Ausreiten der Ecken (10-15 m Durchmesser) · Stellen und angemessene Biegearbeit, Schlangenlinien durch die Bahn · Schenkelweichen im Trab (durch die Bahn), Vorhandwendung aus dem Halten · Reiten „in Stellung", einfacher Galoppwechsel durch Übergang zum Trab · Halbe Hinterhandwendung aus dem Halten (90°) · Zirkel verkleinern und vergrößern, einfache Schlangenlinie im Galopp · Übergänge vom Schritt zum Galopp, Rückwärtsrichten (eine Pferdelänge) · Freispringen und erste Sprünge unter dem Reiter	· Nach Festigung der Elemente 1 - 3 · Festigung der Anlehnung · Das Pferd wird gehorsamer und kommt „an die Hilfen" (5), Voraussetzung für die geraderichtende Arbeit (6) und Balance (7). Entwicklung von Durchlässigkeit (8) und Schwung (9) · Allmähliche Rahmenanpassung an Klasse A

Geeignete Lektionen (Reihenfolge ist nicht bindend)	Übungszweck
Phase C auf dem Weg zur Klasse L	
· Zusätzlich zur Phase B: · mittlere und versammelte Tempi (noch kein versammelter Schritt!) · Verbesserung der halben Paraden, geschlossenes Halten · Wendungen, korrektes Durchreiten der Ecken, Reiten von Volten mit einem Durchmesser von 6 m im Trab und Galopp · Angemessene Längsbiegung, Verbesserung des „Stellunggebens" · Außengalopp, Übergänge Galopp - Schritt · Schultervor (vom Schultervor kann allmählich das Schulterherein entwickelt werden, als Voraussetzung für das spätere Travers und Renvers) · Kurzkehrtwendung aus dem Schritt (180°) · Einfacher Galoppwechsel (mit Übergang zum Schritt), Rückwärtsrichten (mit einer bestimmten Anzahl von Tritten) · Angemessene Cavallettiarbeit, Springen eines Parcours mit einer Hindernishöhe von ca. 90 cm	· Festigung der Elemente 4 - 7. Der Reiter muß für mehr Erhabenheit der Bewegungen, Selbsthaltung und Leichtigkeit sowie für mehr Längsbiegung und größere Exaktheit sorgen. · Förderung von Durchlässigkeit (8) · Förderung des Schwungs (9) · Versammelnde Arbeit (10) · Das Pferd paßt seinen Rahmen der Klasse L an. Es ist für ein weiteres, seiner Begabung entsprechendes, spezialisiertes Training - für die Dressur, das Springen oder die Vielseitigkeit - bereit.

Die oben aufgeführte Tabelle bedeutet nicht, daß jeden Tag ein intensives Training stattfinden muß.

Ab und zu muß das Pferd im Gelände „bummeln können" und einen oder mehrere Tage auf der Koppel oder im Paddock ausspannen dürfen.

Nach längeren Perioden intensiver Arbeit (wie beispielsweise der Turniersaison) hat sich das Pferd einen mehrwöchigen Urlaub verdient. Auch der tägliche Weidegang während des Trainings ist für die Psyche des Pferdes außerordentlich wohltuend und einem 23stündigen Aufenthalt im Stall weitaus vorzuziehen.

Die Tabelle soll als Richtlinie für das Training dienen. Mit ihrer Hilfe können bestimmte Trainingsprogramme ausgearbeitet werden, die dem Fortschritt des Pferdes angepaßt werden und immer die verschiedenen Elemente der *Grundausbildung* beinhalten sollten. Wir dürfen nicht vergessen, daß die *Grundausbildung* ein vielseitiges, alle Sparten der Reiterei umfassendes Training darstellt.

Wichtig ist zu begreifen, warum eine gezielte Auswahl der Übungen so wichtig ist. Das Pferd kann mit seinen Problemen nicht einfach zu einem Physiotherapeuten gehen. Es ist davon abhängig, daß der Reiter weiß, wie er es mit Hilfe der einzelnen Lektionen gymnastizieren und geschmeidig machen kann.

Jede der erwähnten Lektionen bearbeitet bestimmte Muskelgruppen.

Durch die sinnvolle Anwendung dieser Übungen trägt man zur Gesunderhaltung des Pferdes bei und fördert seine Bereitschaft zur Mitarbeit.
Pferde, die noch nicht geradegerichtet sind, sind auf der einen Hand bequem zu reiten, auf der anderen Hand aber unbequem. Würde man - weil's bequemer ist - meistens auf der „Schokoladenseite" reiten, so würde sich das Problem der Schiefe verstärken, und einem frühzeitigen Verschleiß stünde nichts mehr im Wege.

Es ist schon erstaunlich, wie viele Leute unbewußt meistens auf der gleichen Hand reiten. Gerade im Gelände sieht man das häufig. Das fängt an mit dem Leichttraben, wenn nicht darauf geachtet wird, auf welchem Fuß man trabt, und führt zum Galopp auf der „Schokoladenhand". Gerade bei Ausritten aber sollte der Reiter darauf achten, daß er sein Pferd immer *gleichmäßig* belastet.

So gibt es während der Ausbildung durchaus Phasen, wo eine Lektion auf der einen Hand nützlich ist, während sie auf der anderen Hand das Problem nur verschlimmern würde.

Läßt sich das Pferd beispielsweise problemlos nach rechts, nicht aber nach links biegen, müssen vermehrt Übungen geritten werden, bei denen das Pferd nach links gebogen wird. Zur Erinnerung: *Geraderichtung* ist nur dann erreicht, wenn sich das Pferd nach beiden Seiten gleichermaßen biegen läßt.

Ferner ist bei der Ausführung der Übungen stets darauf zu achten, daß die Erhaltung der Reinheit der Gänge oberste Priorität hat. *Zwingt* man das Pferd zu einer Übung, die es nicht flüssig ausführen kann, so steht dies im Widerspruch zum Zweck der Übung. Zunächst müssen Losgelassenheit und Takt erneut gefestigt werden, bis das Pferd willig auf die Hilfen reagiert. Indem wir dem Pferd unseren Willen mit viel Feingefühl beibringen, fördern wir sein Vertrauen und seine Bereitschaft zur Mitarbeit, anstatt diese Eigenschaften zu zerstören.

Bei der Einführung einer neuen Lektion muß es dem Pferd verständlich gemacht werden, was von ihm verlangt wird. Zunächst sind wir mit einer ansatzweisen Ausführung zufrieden, um behutsam allmählich mehr zu verlangen.

Wir lassen das Pferd unsere Zufriedenheit spüren, indem wir ihm eine kurze Pause gönnen. Je mehr Zeit wir uns dabei nehmen, desto entspannter und williger wird das Pferd dabei bleiben.

Nach diesem Prinzip sollten wir auch bei allen weiteren Lektionen verfahren, wollen wir nicht Verspannungen, Taktunreinheiten, Verwerfen im Hals und „ein hartes Maul" heraufbeschwören.

Bei der Ausführung einer Lektion bewertet der Richter nicht nur deren „technische Korrektheit", sondern vor allem auch den unveränderten Takt, die Anlehnung und den Schwung. Sollte eines dieser Elemente bei der Ausführung Mängel aufweisen, kann die gesamte Lektion nicht als *befriedigend* angesehen werden.

Ich muß dabei noch einmal daraufhinweisen, daß wir bei dem Einüben von Lektionen zunächst nicht an deren korrekte Ausführung denken. Wir würden dadurch nur Unsicherheit und Spannungen erzeugen. Die Lektionen haben ja keinen Selbstzweck; sie *dienen* doch nur einem Zweck, nämlich die **Elemente** zu erarbeiten, die das Pferd „angenehm zu reiten" machen. Natürlich müssen wir auch danach *streben*, die Lektionen so korrekt wie möglich zu reiten, aber niemals auf Kosten der Elemente unseres Konzepts vom TRAININGSBAUM.

So werden wir immer behutsam vorgehen, nach dem Prinzip „vom Leichten zum Schwereren". Erst wenn die Lektion, z. B. das Schenkelweichen oder das Schulterherein, korrekt ausgeführt werden kann, kommt der *Übungszweck* zum Tragen.

Zu Beginn dieses Buches habe ich ein Zitat von François Robichon de la Guérinière erwähnt. Lassen Sie mich mit einem Satz Gustav Steinbrechts (1808-1885) schließen. Sein Zitat „Reite dein Pferd vorwärts und richte es gerade" hat Berühmtheit erlangt. In seinem ebenso berühmten Buch **Das Gymnasium des Pferdes** sagte er: „Der Bereiter hat seine Aufgabe erfüllt und sein Pferd vollkommen ausgebildet, wenn er die beiden in der Hinterhand ruhenden Kräfte, die Schieb- und Tragkraft, letztere in Verbindung mit der Federkraft, zur höchsten Entfaltung gebracht hat und in ihren Wirkungen wie ihrem Verhältnis zueinander beliebig und genau abzuwägen vermag."

Behalten wir dieses Zitat während unserer weiteren Ausbildung auf dem Weg in die höheren Klassen stets im Gedächtnis.

Die Ausbildung eines jungen Pferdes ist eine faszinierende Aufgabe. Es ist eine wunderbare Herausforderung, seine Persönlichkeit zu studieren, herauszufinden, wie es denkt und fühlt und eine erste Beziehung herzustellen. Junge Pferde sind oftmals unsicher, mißtrauisch oder auch ängstlich; der Reiter muß dem jungen Pferd mit viel Geduld dabei helfen, sich an die neue Umgebung und die neuen Aufgaben zu gewöhnen. Eine gute Beziehung zwischen Reiter und Pferd erleichtert die Aufgabe wesentlich und fördert Vertrauen, Willigkeit und schließlich Leistungsbereitschaft des Pferdes.

Ein Grundsatz aus der Westernreiterei, deren Experten ich bewundere, gefällt mir besonders: „Make wrong things difficult and right things easy", „Sorge dafür, daß die falschen Dinge schwierig (unbequem), und die richtigen Dinge einfach (angenehm) für das Pferd werden."

Dies ist ein grundlegendes Prinzip, das auch bei der Ausbildung *unserer* Pferde volle Gültigkeit hat.

Schon Xenophon (435-355 v. Chr.) stellte fest: „Am schnellsten lernt das Pferd durch Belohnung, wenn es willig ist, und durch Strafe, wenn es ungehorsam ist."

Die Grundausbildung kann als abgeschlossen betrachtet werden, nachdem das Pferd L-Niveau erreicht hat. Nun mag man darangehen, eine „maßgeschneiderte" Strategie für die Spezialausbildung zu entwerfen. Welchen Weg wir auch immer einschlagen mögen, die in der Grundausbildung geschaffenen Elemente werden uns eine gesunde Grundlage für die weitere Arbeit sein. Der ambitionierte Dressurreiter wird stets Wert darauf legen, daß in seiner täglichen Arbeit diese Elemente nicht vernachlässigt, sondern immer wieder gefestigt werden.

Bevor ich dieses Kapitel abschließe, lassen Sie mich noch ein Wort zu den **Kürprüfungen** sagen. Die in früheren Jahren als Schaunummer sehr beliebte Vorführung eines Dressurpferdes nach klassischer Musik hat inzwischen den Charakter einer Prüfung angenommen. Sogar bei den Olympischen Spielen spielt sie jetzt bei der Ermittlung des Siegers eine entscheidende Rolle. An die Richter werden hierbei ganz besondere Anforderungen gestellt.

Die Kür bietet eine hervorragende Gelegenheit, die Persönlichkeit des Pferdes zum Ausdruck zu bringen und sein Können auf *gefestigtem Ausbildungsniveau* unter Beweis zu stellen. Dabei ist mir eine schwungvolle Vorstellung auf korrektem L-Niveau weit lieber als eine gequälte „Grand-Prix-Variante".

Ich möchte daher auch davor warnen, auf jeder mittleren *Dressage Show* eine Kür auszuschreiben. Es würde mit Sicherheit das allgemeine Niveau in der Dressur nicht fördern, sondern eher beeinträchtigen, da Mängel in der Ausbildung ja durch „gängige Musik" wettgemacht werden können.

Exaktheit bei der Ausführung der Hufschlagfiguren und der Lektionen muß nun einmal Vorbedingung für jede Kür sein. Nur dann kann der „künstlerische Wert" der Darbietung ermittelt werden.

Abb. 55: Bei Abschluß der Grundausbildung sind die Elemente der Dressur gefestigt. Das Pferd bewegt sich losgelassen, taktrein und raumgreifend. Es ist geradegerichtet und trägt sich selbst, seine Bewegungen sind energisch und ausdrucksvoll. Das Foto zeigt den Autor mit dem Trakehner Hengst „Hornist". Foto: Henriette von Dallwitz

DIE HANGBAHN

„Pferde sind ehrlich: Sie sagen uns die Wahrheit über unsere Reiterei - ob uns das gefällt oder nicht."

Von Zeit zu Zeit hört man Begriffe wie „Natur des Pferdes", „natürlicher Rahmen", „natürliche Haltung" oder „natürliche Methoden".
Häufig wird jedoch übersehen, daß die Natur mit ihrem unterschiedlichen Terrain beitragen kann, Probleme in der Ausbildung auf ihre Art lösen zu helfen.

Eine zusätzliche Trainingshilfe bietet daher die Hangbahn. Im Gegensatz zu den „Bodenwellen", die sich für das Training von Vielseitigkeitspferden als hilfreich erwiesen haben, ist das Training auf der „Hangbahn" wesentlich effizienter, da es mit mehr Kontinuität und Systematik betrieben werden kann.

Die Idee beruht auf der Erkenntnis, daß viele Reiter ihre Pferde beim Bergabgalopieren nicht „vor dem Schenkel" hatten und somit auch nicht mehr richtig einwirken konnten.

Die Pferde wurden immer schneller, wodurch jedes auftauchende Hindernis eine Gefahr bedeutete.

Aus Verzweiflung zogen die Reiter beidseitig die „Handbremse", was zu einem nervenaufreibenden Kampf mit den verständlicherweise widerstrebenden Pferden führte, bis der Sprung dann doch wie durch ein Wunder überwunden wurde.

Derartige unschöne Bilder darf es nicht geben. Jedes Pferd, insbesondere das Vielseitigkeitspferd, sollte in der Lage sein, sicher an den Hilfen des Reiters zu galoppieren - sei es bergauf, bergab oder auf der Ebene. Dies ist eine Frage des Gleichgewichts, das mit dem ständig wechselnden Schwerpunkt in Einklang gebracht werden muß und somit ein wichtiges Ziel des Trainingsprogramms.
Nicht nur Vielseitigkeitspferde profitieren von der Arbeit auf der Hangbahn, sie ist ebenso für die Gymnastizierung eines jeden Pferdeathlethen, also auch für das künftige Dressurpferd, bestens geignet. Pferde, die durch falsch interpretierte „Dressurarbeit" gelernt haben, sich zu verwerfen und zu verspannen, erreichen die gewünschte Durchlässigkeit auf der Hangbahn.

Wie sieht eine solche „Hangbahn" aus? Die Neigung der Bahn beträgt nicht mehr als 10 Grad (s. Abb. 56). Es gibt zwei ebene lange Seiten (zwischen 60 und 80 Meter) und zwei schräg ansteigende bzw. abfallende kurze Seiten (zwischen 30 und 40 Meter). Die Ecken sind stark abgerundet. Linien für den Handwechsel sind vorgegeben. Mit Ausnahme von extrem flachen Gegenden sollte es nicht allzu schwer sein, ein Gebiet zu finden, in dem eine solche Bahn - mehr

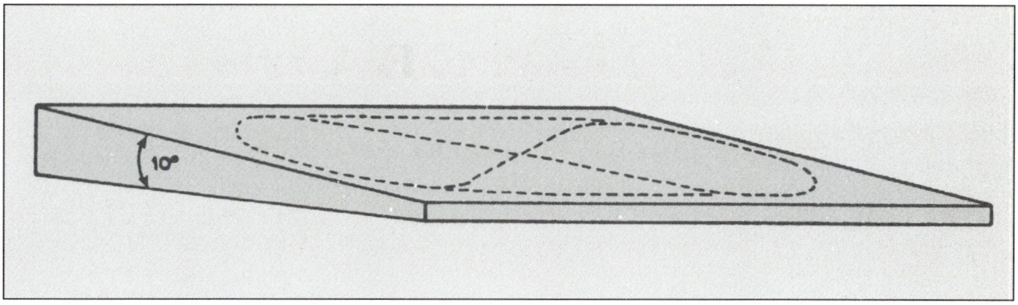

Abb. 56: Die Hangbahn, schematische Darstellung

oder weniger genau den Idealmaßen entsprechend - angelegt werden kann. Das kann durchaus auch Waldgelände sein.

Besonders hervorzuheben ist der Trainingseffekt, der durch das Reiten von gebogenen Linien auf leicht ansteigendem und abfallendem Boden zustande kommt. Auf der Hangbahn können alle elementaren Hufschlagfiguren, wie Zirkel, halbe Zirkel, Volten und Handwechsel durch die ganze Bahn geritten werden.

Von einem erhöhten Standpunkt sollte die gesamte Bahn überblickt werden können, um so die Beobachtung von Pferd und Reiter durch einen Trainer oder eine Videokamera zu ermöglichen. Videoaufnahmen sind äußerst hilfreich, insbesondere wenn sie vom Ausbilder kommentiert werden.

Wie allgemein bekannt, ist das Geländereiten für Pferd und Reiter nicht nur eine schöne, sondern auch eine lehrreiche Abwechslung.

Leider wird diesem Aspekt des Trainings oftmals nicht genügend Aufmerksamkeit geschenkt. Das Geländetraining ist zeitintensiver als die Arbeit in der Bahn, und der vielbeschäftigte, erfolgreiche Ausbilder meint oftmals, diese Zeit nicht aufbringen zu können.

Also zieht er es vor, in der Reithalle zu bleiben, und sich vom Pfleger ein Pferd nach dem anderen bringen zu lassen.

Dies mag zwar praktischer sein, ist jedoch auch ausgesprochen beklagenswert. Eine in der Nähe der Reithalle liegende Hangbahn kann hier schon weitgehend Abhilfe schaffen. Der Ausbilder kann ein bis zweimal pro Woche einen „Geländetag" einplanen, an dem er - mit Unterstützung - gleichzeitig mehrere Pferde von den durch die tägliche Routine in der Halle verursachten Verspannungen - physisch wie psychisch - durch gymnastizierende Arbeit lösen kann!

Auch für die Hangbahn gilt dasselbe Prinzip wie bei der üblichen Trainingsarbeit: Man beginnt mit leichten Anforderungen, die allmählich erschwert werden. Nur wenn das Pferd einfache Übungen beherrscht, können die Anforderungen auch erhöht werden.

Ein Pferd, das aus Angst oder Aufregung Probleme mit der Balance hat oder noch nicht genügend gymnastiziert ist, wird sich widersetzen.

Man kann jedoch nur etwas erreichen, wenn das Pferd physisch und psychisch entspannt und somit aufnahmebereit ist. Dies ist Vorbedingung für jegliche Zusammenarbeit zwischen Reiter und Pferd.

Wir beginnen im Schritt am langen Zügel. Das Pferd geht einen entspannten Mittelschritt. Der Hals dehnt sich vorwärtsabwärts, die Rückenmuskulatur ist locker, das Pferd bewegt sich taktrein.

Der Reiter hat die Steigbügel um 2-3 Löcher gekürzt und folgt den Bewegungen im Entlastungssitz, der Unterschenkel hält Kontakt zum Pferdekörper. Die Hände folgen der Nickbewegung des Pferdes und behalten eine leichte Verbindung zum Pferdemaul bei.

Wichtig ist, daß das Pferd lernt, seine Balance stets den unterschiedlichen Bodenverhältnissen anzupassen.

So lernt es, seinen Schwerpunkt problemlos zu verlagern, unabhängig davon, ob es bergauf oder bergab geht. Korrekturen wie *stärkeres Kreuzanstellen* oder *verstärkte treibende Schenkelhilfen* werden überflüssig, da das Pferd von selbst den Rücken hergibt oder die Hinterbeine vermehrt unterschiebt.

Der Reiter muß nur noch mit den Bewegungen „mitgehen", was dem Pferd die Aufgabe wesentlich erleichtert.

Das systematische Training auf der Hangbahn fordert vom Pferd durch das abwechselnde Dehnen (bergauf) und Zusammenschieben (bergab) eine ständige Verlagerung seines Schwerpunktes; die Kräfte der Hinterhand wechseln zwischen Schubkraft und Tragkraft. Durch diesen „Ziehharmonika-Effekt" werden allmählich sämtliche Verspannungen im Rücken- und Halsbereich gelöst, und die erwünschte Durchlässigkeit tritt ein.

Interessanterweise schnauben die Pferde bei der Bergauf-Arbeit regelmäßig ab. Zu Beginn neigt manches Pferd dazu, bergauf mit erhobenen Kopf zu „hüpfen" und bergab zu schlingern.

Ein gefühlvoller Reiter weiß, wie er dies verhindern und dem Pferd eine angenehmere Methode beibringen kann. Nach einer Weile sollte das Pferd den klaren Viertakt, der unabhängig vom Gangmaß erhalten werden muß, beibehalten:

· Bergauf: Starker Schritt
· Ebene: Mittelschritt
· Bergab: Versammelter Schritt

Ziel dieser Übung ist, daß das Pferd von selbst das Tempo verlangsamt und beim Bergabgehen vermehrt untertritt. Dieses selbständige Untertreten beim Bergabreiten ist das wichtigste Kriterium bei der Arbeit auf der Hangbahn. Auch bei der Trab- und Galopparbeit ist dies unser Hauptziel. Die Reiterhand wirkt hierbei kaum aktiv ein.

Vor Beginn der Trabarbeit muß der Schritt gefestigt sein. Das Pferd sollte eine stabile Verbindung zum Reiter gefunden haben. Gelegentliche halbe Paraden, besonders beim Bergabreiten, fördern die Balance.

Auf die Arbeit im Trab muß nicht ausführlich eingegangen werden, da hier die gleichen Grundregeln wie im Schritt gelten. Erwünscht ist ein rhythmischer Arbeitstrab, bei dem die Tritte bergauf verlängert (Dehnungsphase) werden, während sich das Pferd bergab zusammenschiebt (vermehrtes Untertreten).

Die wichtigsten Ziele sind ein schwingender Rücken und eine runde Oberlinie. Das Pferd steht *am Zügel* und folgt gerne dem Befehl des Reiters, „die Zügel aus der Hand zu kauen" (besonders beim Bergaufreiten).

Auch im Galopp gelten die gleichen Prinzipien. Ist die Trabarbeit gefestigt, kann mit der Galopparbeit begonnen werden. Der Galopp ist die effektivste, zugleich jedoch auch die schwierigste Übung auf der Hangbahn.

Die Muskulatur des Rückens und der Sprunggelenke wird stark beansprucht, da die Hinterbeine beim Bergabgaloppieren weit unterspringen müssen.

Um das Pferd nicht unnötigerweise „aufzuheizen", empfiehlt es sich, jeweils nur kurze Galoppreprisen zu reiten.
Wenn das Pferd nach vier bis fünf Trainingseinheiten auf beiden Händen im Rhythmus bergauf (Galoppsprünge verlängern) und bergab (Galoppsprünge verkürzen) ruhig und taktmäßig galoppieren kann, so haben Pferd und Reiter gute Arbeit geleistet. Das Dressurpferd, das durch zu viel Arbeit in der Halle vielleicht sauer geworden ist, erwacht zu neuem Leben.
Das vermehrte Untertreten mit der Hinterhand und das Ausbalancieren fallen ihm wieder leichter.

Bei Vielseitigkeitspferden, die mit dieser Arbeit vertraut sind, können noch zusätzlich Trabstangen oder Cavallettis verwendet werden.

In den meisten Fällen bereitet dies keine Schwierigkeiten, da die Pferde ausbalanciert sind und ihre Aufgabe kennen. Pferde und Reiter, die sich auf diese Art vorbereiten, haben nicht nur eine gute Kondition, sondern werden auch die Geländestrecken besser meistern können. Die erwähnten „schlechten Bilder" können so vermieden werden.

ÜBERGÄNGE

FEINABSTIMMUNG DER HILFEN (TIMING)

Übergänge werden in Dressurprüfungen hoch bewertet. In ihnen soll sich die gewünschte Durchlässigkeit zeigen, eine der fundamentalen Elemente der Grundausbildung. In der „Gesamtbeurteilung" jeder Prüfung wird die Durchlässigkeit sogar mit einem Koeffizienten von 2 versehen.

Bevor wir uns mit diesem Thema beschäftigen, möchte ich nochmals kurz auf das zur Ausführung korrekter Übergänge erforderliche Hintergrundwissen eingehen.

Wir erinnern uns: „Durchlässigkeit ist die körperliche Fähigkeit des Pferdes, seinen Schwerpunkt sowohl nach vorne und hinten wie auch zur Seite zu verlagern, ohne sich dabei zu verspannen oder zu widersetzen. Durchlässigkeit zeigt sich in der sofortigen Reaktion auf die annehmenden und stellunggebenden Zügelhilfen sowie auf die treibenden Gewichts- und Schenkelhilfen" (USDF Rule Book).

Das durchlässige Pferd läßt die durch die treibenden Hilfen des Reiters erzeugte Energie durch seinen Körper bis zum Maul durchfließen. Der Reiter kann jederzeit die Schubkraft der Hinterbeine durch Zügelhilfen auffangen, die das Pferd wiederum bis in die Hinterhand durchläßt. Nur so ist eine effektive halbe Parade möglich.

Da „Übergänge der beste Prüfstein für die Durchlässigkeit sind", werden in Dressurprüfungen zahlreiche Übergänge verlangt. Unabhängig von Leistungsstand oder Schwierigkeitsgrad müssen die Übergänge stets weich, fließend, ohne Verspannungen und ohne Störungen des Bewegungsflusses oder der Balance ausgeführt werden. Die Hilfengebung muß bestimmt, zugleich jedoch auch mühelos und nahezu unsichtbar erfolgen, so als „vermittle das Pferd den Eindruck, die von ihm geforderten Übungen von sich aus willig auszuführen".

Durchlässigkeit kommt nicht von allein! Als achtes Element des TRAININGSBAUMS ist sie das Resultat (und die Belohnung) systematischer und ernsthafter Arbeit.

Wie wird ein korrekter Übergang erreicht?

Gegen Ende der Grundausbildung können wir erwarten, daß sich das Pferd losgelassen, taktmäßig und raumgreifend bewegt, an den Hilfen steht und somit willig und ohne zu zögern auf unsere Gewichts-, Schenkel- und Zügelhilfen reagiert. Das Pferd ist genügend geradegerichtet und sowohl in seiner Längs-

wie auch in seiner Seitenachse gut ausbalanciert. Mit dieser Grundlage sollte das Erreichen der Durchlässigkeit, Voraussetzung für effektive halbe Paraden und somit für korrekte Übergänge, keine Schwierigkeiten bereiten.

Bei der Ausführung der Übergänge sind oftmals deutliche Unterschiede zu erkennen. Obwohl man vielleicht dieselben Hilfen gibt, werden unterschiedliche Wertnoten - manchmal eine 4, eine 6 oder sogar einer 8 - verteilt. Worin liegt die Ursache für diese unterschiedliche Bewertung?

Die Ursache liegt in der *zeitlichen Abstimmung (Timing)* der Hilfen. Wir wissen, daß *die Hilfen den Bewegungen des Pferdes angepaßt sein müssen.* Nur dann „helfen" sie dem Pferd bei seiner Arbeit. Durch eine korrekte Abstimmung wird der Übergang für Pferd und Reiter mühelos und angenehm - so, wie es das Pferd ohne Reiter von Natur aus gewöhnt ist.

Oftmals kann man Reiter beobachten, die hart an ihrer sogenannten „Dressur" arbeiten, ohne zu wissen, daß sie so niemals einen Fortschritt erzielen können. Indem sie ständig *gegen* die Bewegung reiten, machen sie das Pferd unsicher und zerstören allmählich den natürlichen Raumgriff. Sie bedürfen der Anleitung eines Ausbilders, der ihnen das Gefühl vermitteln kann, Gewichts-, Schenkel- und Zügelhilfen auf die Bewegung des Pferdes abzustimmen. Wir müssen stets daran denken, daß „wir *mit* dem Pferd und nicht *gegen* das Pferd reiten wollen".

Um die zeitliche Abstimmung der Hilfen zu verstehen, ist es unerläßlich zu wissen, wie sich das Pferd in den verschiedenen Gangarten bewegt und die Schritt- oder Trittfolgen kennen. Ebenso müssen wir ein Gefühl für den natürlichen Bewegungsablauf bekommen. Dies kann jedermann lernen, doch ist einige Übung erforderlich. Immer wieder müssen die Bewegungen des Pferdes beobachtet und die Schritte, Tritte oder Sprünge analysiert werden. Videoaufnahmen in Zeitlupe sind hierfür bestens geeignet.

Man unterscheidet zwischen Übergängen in eine höhere oder niedrigere Gangart, Übergänge innerhalb einer Gangart (Verlängern und Verkürzen der Tritte) und solche von einer Gangart in eine andere, wozu auch das Halten und das Rückwärtsrichten gehören. Voraussetzung für einen korrekten Übergang ist, daß das Pferd auf halbe Paraden reagiert, somit „vor dem Schenkel" und gut ausbalanciert ist. Die Güte eines Übergangs hängt eben von der Koordination der reiterlichen Hilfen mit den Bewegungen des Pferdes (zeitliche Abstimmung) ab.

Übergänge *innerhalb einer Gangart* scheinen auf den ersten Blick einfach zu sein. Sie sind es auch! Sobald das Pferd an den Hilfen steht, ausbalanciert und durchlässig ist und somit seinen Rücken richtig gebraucht, sollte der Takt problemlos beibehalten werden können.

Wie wir jedoch wissen, hängt die Wertnote für den Übergang auch von einem vermehrten Untertreten der Hinterbeine ab, was wiederum von dem Gefühl für die richtige Feinabstimmung der Hilfen abhängig ist. Ein vermehrtes Untertreten ist insbesonders

beim Zurücknehmen des Tempos erforderlich; es genügt nicht, „einfach den Stecker herauszuziehen".
Wir wissen, daß die Hinterhand durch die Unterschenkel des Reiters aktiviert wird; jeder Unterschenkel wirkt auf das gleichseitige Hinterbein ein - der rechte Unterschenkel auf das rechte, der linke Unterschenkel auf das linke Hinterbein.

Die Aktivierung der Hinterbeine ist am wirkungsvollsten, wenn sie *genau in dem Moment erfolgt, in dem der entsprechende Hinterfuß vom Boden abfußt* (Schwebephase). Wenn der Fuß wieder am Boden auffußt, *kann* das Pferd *nicht* mehr auf die Hilfe reagieren (Stützphase). Reiter, die mit der Abstimmung ihrer Schenkelhilfen Probleme haben, vergeuden unnötig körperliche Energie und verwirren das Pferd nur.

Jedermann kann diese Abstimmung erlernen, wobei es musikalisch veranlagten Menschen wohl etwas schneller gelingt als Menschen ohne diese Begabung. Beobachtet man andere Reiter mit ihren Pferden, kann man versuchen, den Takt *mitzuzählen*; man beginnt, wenn der innere Hinterfuß vom Boden abfußt. Auf diese Weise bekommt man, schon bevor man aufs Pferd steigt, ein Gefühl für das „Timing". Auf dem Pferd kann man den Spiegel zuhilfe nehmen oder sich von einer Person am Boden helfen lassen. Im Schritt ist das *Schenkelweichen* zu empfehlen, da hier das Zusammenspiel zwischen innerem Schenkel und innerem Hinterfuß deutlicher wird. Korrektes Timing hilft dem Pferd, Takt und Balance beizubehalten.

Das durchlässige, gut ausbalancierte Pferd läßt die Zügelhilfen bis in die Hinterhand durch. Die elastische Hand, die eine stete, weiche Verbindung beibehält, folgt der Bewegung und erlaubt es dem Pferd, sich frei, ohne Einschränkung, zu bewegen. Auf diese Weise kann die Schubkraft der Hinterhand kontrolliert und beeinflußt werden.

Indem wir mit dem Zügel in Einklang mit der Bewegung dem Takt folgen oder eben nicht folgen („Atmen" der Hand), lassen wir das Pferd entweder die Tritte verlängern oder verkürzen.

Die korrekte Abstimmung der Zügelhilfen auf die Bewegungen des Pferdes ist schwieriger als es scheint. Genau hierin liegt jedoch der Schlüssel zur Feinabstimmung. Der Reiter muß sich um einen ausbalancierten Sitz bemühen, damit die Hände unabhängig sind und „Teil des Pferdemauls" werden. Dieses Bild sollte man vor Augen haben, um der Bewegung besser folgen zu können und das Gefühl für die Abstimmung in der Hand zu spüren. Verletzt man dieses Prinzip, so führt dies zu Verwirrung beim Pferd sowie zu ungleichmäßigen Tritten und Verspannungen, die sich bis zu Widersetzlichkeiten steigern können.

Da gutes Timing zu einer Verfeinerung der halben Paraden führt, wird auch die Qualität der Übergänge verbessert.

Nun zu den **Übergängen *von einer Gangart in die andere***.

Im allgemeinen erfordern Übergänge von einer Gangart in die andere mehr Können von Reiter und Pferd, als Übergänge innerhalb einer Gangart. Der Grund hierfür ist offensichtlich: Nicht nur das Tempo, sondern auch der Takt ändern sich.

So ist beispielsweise der Übergang vom Schritt zum Trab, der im Grunde genommen ein einfacher Übergang von einer Gangart zur anderen ist, eine Herausforderung bezüglich korrekter Abstimmung der Hilfen. Der Übergang muß ohne Zögern erfolgen; das erste diagonale Beinpaar muß sofort energisch weit nach vorne treten. Das durch eine halbe Parade aufmerksam gemachte Pferd ist „vor dem Schenkel", an den Hilfen und somit bereit, mit dem diagonalen Beinpaar, das sich gerade am Boden befindet, anzutreten. Der Reiter spürt die Bewegung und besteht darauf, daß das Pferd sofort energisch antritt.

Auch der Übergang vom Trab zum Schritt muß gut durch halbe Paraden vorbereitet werden, um sicherzustellen, daß die Hinterbeine weit unter den Körper treten und somit eine „Bremsfunktion" ausüben; andernfalls würde das Pferd auf die Vorhand fallen, und die Energie für einen fleißigen Schritt ginge verloren. Das Pferd muß sich beim Übergang zum Schritt sofort in einem klaren Viertakt bewegen.

Wiederholte Schritt-Trab- und Trab-Schritt-Übergänge sind äußerst nützlich zur Feinabstimmung der Hilfen und zur Verbesserung der Balance.

Der Galopp ist eine Bewegung im Dreitakt. Für die Schritt-Galopp-Übergänge muß das Pferd gut vor dem Schenkel sein; der Reiter muß den Moment spüren können, indem das Pferd *in der Lage ist* anzugaloppieren (Timing).

Angenommen, wir möchten rechts angaloppieren.

Der einzige Moment, in dem das Pferd korrekt angaloppieren kann, ist dann, wenn der innere (rechte) Hinterfuß das Gewicht der Hinterhand aufnimmt, so daß der äußere (linke) Hinterfuß den ersten Galoppsprung einleiten kann. Verpaßt man diesen Augenblick, *kann* das Pferd gar nicht unverzüglich angaloppieren. In solchen Fällen wird das Pferd meistens erst anzackeln, bevor es dann schließlich angaloppiert. Dies kann dann nicht mehr als Schritt-Galopp-Übergang bezeichnet werden! Ein einziger Zwischentritt ist ein Zeichen dafür, daß das Timing nicht richtig war. Ein solcher Übergang kann nicht als befriedigend bewertet werden.

Wenn man sich seiner Sache sicher ist, kann es ratsam sein, durch verstärkte Hilfen auf einem unverzüglichen Angaloppieren des Pferdes zu *bestehen*. Dies erfordert jedoch Gefühl für perfektes Timing, da das Pferd sonst verwirrt wird und falsch angaloppieren könnte.

Diese Vorgehensweise mag auf den ersten Blick etwas kompliziert erscheinen. Dies täuscht jedoch! Durch ständiges gewissenhaftes Üben kann ein gut sitzender Reiter ein Gefühl für das Timing seiner Galopphilfen entwickeln. Auf einem gut ausgebildeten Pferd wird diese Aufgabe erleichtert. Außerdem ist das Gefühl für Timing unabdingbar für den Fliegenden Galoppwechsel.

Korrekte Galopp-Schritt-Übergänge werden hoch bewertet. Nach Abschluß einer systematischen Grundausbildung in Über-

einstimmung mit dem TRAININGSBAUM ist das Pferd in seiner Längsachse ausbalanciert, durchlässig und läßt sich bereits leicht versammeln. Dadurch kann das Pferd seine Hinterbeine weiter unter den Körper schieben und damit eine „Bremswirkung" erzielen.
Wie bei den Übergängen vom Schritt zum Galopp gibt es auch beim Übergang vom Galopp zum Schritt einen bestimmten Moment, in dem es dem Pferd leicht fällt, ohne Trabtritte zum Schritt durchzuparieren.

Sobald die Diagonale (innerer Hinterfuß und äußerer Vorderfuß) auffußt (2. Phase im Dreitakt des Galopps), befindet sich das Pferd für einen kurzen Augenblick mit drei Füßen am Boden, die stabilste Phase des Galopps. Dies ist genau der Zeitpunkt, in dem das Pferd mühelos direkt zum Schritt übergehen kann.

Es versteht sich von selbst, daß das Pferd dazu gut ausbalanciert sein muß und sich durch halbe Paraden im Galopp versammeln läßt. Reagiert das Pferd nicht richtig auf diese halben Paraden, so kann es auch nicht ohne einige Trabtritte zum Schritt durchparieren. Es fällt auf die Vorhand, und zeigt, daß bis zum Ausbildungsstand der Klasse L noch viel getan werden muß.

Beim *einfachen Galoppwechsel* wird durch Übergang zum Schritt vom Rechts- zum Linksgalopp oder umgekehrt gewechselt. Sobald das Pferd gelernt hat, wie es aus dem Schritt anzugaloppieren hat und wiederum ohne Trabtritte zum Schritt durchparieren kann, sollte der einfache Galoppwechsel eigentlich keine Schwierigkeiten mehr bereiten. Daß hierzu eine gewisse Versammlung notwendig ist, dürfte klar sein.

Soviel mir bekannt ist, gibt es bis heute keine Veröffentlichungen über die genaue Vorgehensweise beim einfachen Wechsel. Es ist in der Tat schwierig, die notwendigen Schritte während des Übergangs zu analysieren und zu beschreiben. Dennoch möchte ich dies hier am Beispiel eines Wechsels vom Linksgalopp zum Rechtsgalopp versuchen:

Vorausgesetzt, der Übergang zum Schritt gelingt harmonisch, wie oben beschrieben, dann befindet sich der innere (linke) Hinterfuß weit unter dem Körper. Während wir das Pferd nun behutsam nach rechts stellen, zählen wir drei Schritte der Hinterfüße: 1) hinten rechts, 2) hinten links, 3) hinten rechts. Kurz bevor der rechte Hinterfuß das Gewicht aufnimmt, geben wir die Hilfen zum Rechtsgalopp, wie bei einem normalen Schritt-Galopp-Übergang. Der Rechtsgalopp beginnt mit dem äußeren (linken) Hinterfuß.

Verpassen wir diesen Moment, müssen wir eine ganze Schrittphase (4 Tritte) abwarten, bevor das Pferd wieder in der Lage ist, richtig angaloppieren zu können. Dies wäre in einer Prüfung ein geringerer Fehler, als wenn das Pferd durch schlechtes Timing anzackeln oder gar falsch angaloppieren würde.

Will man den einfachen Galoppwechsel einem Schüler oder einem Pferd beibringen, ist darauf zu achten, daß das Pferd klare, taktreine Schritte ausführt, bevor es neu angaloppiert wird. Korrektes Timing kann nicht erzwungen werden, es muß sich durch das Gefühl entwickeln.

Der einfache Wechsel ist eine ausgezeichnete Übung zur Überprüfung der Geraderichtung und der Durchlässigkeit sowie des Reitergefühls.

Aus diesem Grund wird im Teil I (Grundlagen) des PRIX ST. JAMES der einfache Wechsel auf gerader Linie in beide Richtungen verlangt.
Ich schätze Richter, die wissen, auf was es bei den einfachen Galoppwechseln ankommt, und auch den Mut besitzen, einen guten Wechsel mit einer „9" und einen schlechten mit einer „2" zu benoten.

Übergänge vom Trab zum Galopp und vom Galopp zum Trab sollten ebenfalls von Harmonie und müheloser Leichtigkeit geprägt sein. Auch hierfür liegt der Schlüssel in der richtigen Abstimmung der Hilfen, dem korrekten „Timing".

Wie wir wissen, schwingt das Pferd im Trab abwechselnd das eine, dann das andere diagonale Beinpaar vor; auch im Galopp gibt es eine Phase, in der sich ein diagonales Beinpaar gleichzeitig am Boden befindet. Dies ist die stabilste Phase, um den ersten Galoppsprung anzufordern.

Nehmen wir einmal an, wir möchten aus dem Trab links angaloppieren. Wir wissen, daß der Galoppsprung mit dem äußeren (rechten) Hinterfuß beginnt. Der einfachste und für das Pferd natürlichste Zeitpunkt zum Angaloppieren wäre dann, wenn das diagonale Beinpaar - innerer Hinterfuß und äußerer Vorderfuß - auffußt (Gewicht aufnimmt). Genau in diesem Moment wird der rechte Hinterfuß nicht belastet und kann so zum ersten Galoppsprung ansetzen.

Aus Gründen der Balance (Zentrifugalkraft) fallen die Trab-Galopp-Übergänge dem Pferd auf dem Zirkel leichter als auf einer geraden Linie.

Reitern, die sich nicht sicher sind, richtig angaloppieren zu können, sollte man gestatten, die Andeutung einer einfachen Schlangenlinie zu reiten, um ein Gefühl dafür zu bekommen. Während einer Dressurprüfung ist hiervon allerdings abzuraten, obwohl dies immer noch besser wäre, als falsch anzugaloppieren. Von einem Pferd mit solider Grundausbildung wird erwartet, daß es diesen Übergang auf der Mittellinie, ohne dabei von der Linie abzukommen, ausführen kann.

Ein bei den Trab-Galopp-Übergängen häufig auftretender Fehler ist das Eiligwerden des Pferdes. Es gerät ins Laufen und fällt auseinander; die Galopphilfen können nicht mehr durchkommen, womit korrektes „Timing" unmöglich wird.

Auch die Qualität der Galopp-Trab-Übergänge hängt von der Abstimmung der Hilfen auf den Bewegungsablauf des Pferdes (Timing) ab. Erinnern wir uns nochmals an die Fußfolge im Galopp (s. Seite 47):

1) äußerer Hinterfuß;
2) *diagonal* innerer Hinterfuß und äußerer Vorderfuß;
3) innerer Vorderfuß, Schwebephase;
1) äußerer Hinterfuß, usw.

Betrachten wir die diagonale Fußfolge, werden wir verstehen, warum die Übergänge manchmal fließend gelingen und dem Pferd somit auch leicht fallen, und dann wiederum abrupt oder unbeholfen wirken. Dies erklärt sich folgendermaßen:

Wenn das Pferd die diagonale (zweite) Fußfolge als Basis für den ersten Trabtritt nutzen kann, ergibt sich ein natürlicher, harmonischer Übergang.

Verpassen wir diesen Moment, so muß das Pferd dies irgendwie durch eine zusätzliche, unnötige Anstrengung ausgleichen.

Jeder Übergang in eine niedrigere Gangart bedarf der Vorbereitung durch halbe Paraden. Kommen diese nicht „durch", ist das Pferd nicht vorbereitet, und der Übergang muß mißlingen. Auch beim Üben korrekter Übergänge lernen Anfänger von gut ausgebildeten Pferden, während junge Pferde von erfahrenen Reitern lernen.

Der einfache Galoppwechsel kann auch über einige Trabtritte geritten werden, was allerdings in Dressurprüfungen gemäß unserer LPO nicht vorgesehen ist. Da er im Ausland jedoch in den Prüfungen auf unterer Ebene verlangt wird, will ich kurz darauf eingehen.

Nach gelungenem Übergang in den Trab zählen wir drei diagonale Trabtritte, ehe wir erneut angaloppieren. Dies ist das Minimum an Tritten, die das Pferd benötigt, um sich in die neue Richtung zu stellen und im richtigen Galopp neu anspringen zu können. Verpassen wir diesen Moment, weil unsere Hilfen nicht durchkommen, benötigen wir 2, 4 oder noch mehr (es muß stets eine gerade Anzahl sein) weitere diagonale Tritte, um einen flüssigen Übergang zum Galopp zu gewährleisten. Eine ungerade Anzahl von Trabtritten könnte ein falsches Angaloppieren provozieren.

Beim Übergang zum Halten kommt es neben der Durchlässigkeit auf die halben Paraden besonders darauf an, das Pferd „in den Schienen" zu halten. Das Pferd soll gegen Ende der Grundausbildung gelernt haben, sich „geschlossen" hinzustellen und bis zum erneuten Antritt geduldig abzuwarten. Im Schritt sollte dieser Antritt möglichst mit einem *Hinter*bein beginnen, da das Pferd hierdurch besser „im Rahmen" bleibt. Ein Spiegel ist hierbei von großem Nutzen.

Soll aus dem Halten angetrabt werden, so muß der erste Tritt eine Diagonale sein. Gelangt das Pferd erst über einen oder mehrere Tritte Schritt in den Trab, so ist dieser Übergang nicht befriedigend.

Auch bei den Übergängen in eine andere Lektion, z. B. in das Schulterherein oder später in die Traversalen muß das „Timing" stimmen. Nur so kann der Übergang „fließend" sein.

Abschließend möchte ich noch anfügen, daß „Timing" eher etwas mit „gewähren lassen" als mit „auffordern" zu tun hat. Voraussetzung hierfür ist natürlich, daß das Pferd „vor dem Schenkel" steht und „vorwärts denkt".

Um das „Timing" zu erlernen, bedarf es zunächst eines gefestigten Sitzes. Das theoretische Wissen über den Bewegungsablauf beim Pferd kann sich jeder interessierte Reiter in kurzer Zeit erwerben. Nun kommt es nur noch darauf an, das Geführ hierfür zu entwickeln. Und das dauert seine Zeit.

Gute Ausbilder zeichnen sich dadurch aus, daß sie dieses Gefühl vermitteln können.

DER PRIX ST. JAMES

EINE KOMBINIERTE DRESSURPRÜFUNG

„Ein Pferd ohne solide Grundausbildung ist sein Leben lang benachteiligt."

Die klassische Reitkunst ist das kulturelle Erbe vergangener Jahrhunderte. Sie zu hegen und zu erhalten ist eine faszinierende Aufgabe für jedermann, der in der Welt des Reitens Verantwortung trägt. Funktionäre, Richter und Ausbilder müssen erkennen, daß jede Abweichung von den klassischen Richtlinien der Dressur diesen kulturellen Schatz für alle Zeiten auslöschen könnte.

Der Dressursport hat viele neue Freunde gewonnen. Auch die Anzahl derer, die danach streben, die Dressur auf höherem Niveau auszuüben, hat merklich zugenommen. Oftmals wird jedoch verkannt, wie lang dieser Weg ist und wieviel Geduld erforderlich ist, um ein talentiertes Pferd so auszubilden, daß sich seine natürlichen Fähigkeiten unter dem Reiter voll entfalten können.

Es scheint heutzutage, als ob „Technik" alles möglich mache. Man verwendet bestimmte Techniken, um leichter und schneller ans Ziel zu gelangen.

Die Reiterei ist jedoch eines der letzten Refugien, in welche die Technik noch keinen Einzug gefunden hat - und auch niemals finden darf. Ein Pferd bleibt immer ein Pferd - mit all seinen Stärken und Schwächen. Seine Ausbildung muß seinen physischen und psychischen Fähigkeiten angepaßt sein.

Jeglicher Zwang führt nur zu den oft zu sehenden traurigen Resultaten: Das Pferd hat seine Lektionen zwar „gelernt", auf dem Weg dorthin jedoch den Charme und den Ausdruck seiner Persönlichkeit eingebüßt. Dies aber darf doch *niemals* das Ziel der Ausbildung sein!

Der PRIX ST. JAMES soll Reitern, die sich auf die internationale Bühne begeben wollen, Anreiz dazu geben, sich mehr Zeit zu nehmen für eine solide Ausbildung - ohne „Tricks". Er soll damit verhindern, daß Pferde (und Reiter) diese Bühne betreten, bevor sie die notwendige Reife hierfür bewiesen haben.

Da es in den USA für Dressurprüfungen kein Qualifikationssystem gibt (weder für den Reiter noch für das Pferd), gewinnt diese Prüfung dort besondere Bedeutung.

Diese „Kombinierte Dressurprüfung“ setzt sich aus zwei Teilen zusammen:

Dem TEIL I, einer Prüfung auf L-Niveau, auf Trense zu reiten, wobei die zehn Elemente der Grundausbildung (TRAININGSBAUM) abgefragt werden.

Ihre besondere Würdigung findet ihren Niederschlag in den *Gesamtnoten*, deren Bedeutung gegenüber dem *technischen Teil* erheblich herausgehoben ist (das Verhältnis Technischer Teil / Gesamtnoten beträgt hier 2:1).

Viereck: 20 x 60 · Dauer: etwa 7 Minuten
Zäumung: Trense · Anzug: gedeckter Rock
Zu erreichende Punktzahl: 420

Und dem TEIL II, dem PRIX ST. GEORGES. Zu erreichende Punktzahl: 380

Die höchste Summe der Wertnoten aus Teil I und Teil II (zu erreichende Punktsumme: 800) ergibt den Sieger im PRIX ST. JAMES.

Reiter, die im Teil I weniger als 60 Prozent erreichen, sollten von der weiteren Teilnahme an der Prüfung ausgeschlossen werden.

PRIX ST. JAMES · Teil I Grundlagen

Viereck 20 x 60 - Dauer etwa 7 Minuten. Trab (mit Ausnahmen) im Aussitzen.

			Koeffizient
1	A-X	Einreiten im versammelten Trab, Halten - Grüßen	
2	X C	Im versammelten Trab anreiten, Rechte Hand	
3	M-F-K	Versammelter Trab	
4	K-X-M M	Mitteltrab, dabei leichttraben Versammelter Trab	
5	H E	Mitteltrab Auf dem Zirkel geritten, 1 x herum	
6	K	Versammelter Trab	
	A	Halten, 5 Sekunden Unbeweglichkeit, Vier Tritte Rückwärtsrichten, daraus im versammelten Tempo antraben	
7	F-X-H H B	Mitteltrab Arbeitstrab Auf dem Zirkel geritten, 1 x herum, dabei Zügel aus der Hand kauen lassen	2
8	B-F	Zügel wieder aufnehmen	
9	F A D & X	Versammelter Trab Auf die Mittellinie abwenden, dabei zwischen Schulterherein rechts, und zwischen	
10	X & G C	Schulterherein links Linke Hand	
11	S	Im versammelten Tempo angaloppieren Auf den Zirkel geritten, 1 x herum, Bei Überschreiten der Mittellinie Überstreichen	

12	A X C	Auf die Mittellinie abwenden, Einfacher Galoppwechsel Rechte Hand	2
13	B	Auf dem Zirkel geritten, 1 x herum, Bei Überschreiten der Mittellinie Überstreichen	
14	K-X-M	Mittelgalopp	
15	M M-S	Versammelter Galopp ohne Wechsel Kontergalopp	
16	S	Einfacher Galoppwechsel	
17	F-X-H	Mittelgalopp	
18	H H-R	Versammelter Galopp ohne Wechsel Kontergalopp	
19	R-A	Versammelter Trab	
20	A K-X-M	Mittelschritt Freier Schritt, Zügel hingeben, vor	2
21	M C	Zügel wieder aufnehmen Im versammelten Tempo antraben	2
22	H-K K	Mitteltrab Versammelter Trab	
23	A X	Auf die Mittellinie abwenden, Mittelschritt	
24	G	Halten, grüßen Verlassen des Vierecks im Schritt am langen Zügel	
		Technischer Teil Summe:	

GESAMTNOTEN

		Koeffizient
Losgelassenheit	*Frei von Spannungen, Vertrauen*	
Takt	*Reinheit von Takt und Rhythmus*	2
Ungebundenheit (der Gänge)	*Raumgriff*	
Anlehnung	*Maultätigkeit*	
Geraderichtung	*Gleichmäßige Biegsamkeit*	2
Balance (relative Aufrichtung)	*Leichtigkeit in der Vorhand*	
Durchlässigkeit	*Gehorsam, Aufmerksamkeit*	2
Schwung	*Frische, Elastizität, Rückentätigkeit*	2
Versammlung	*Engagement aus der Hinterhand*	
Sitz und Einwirkung des Reiters		
	Gesamtnoten, Summe:	
	Abzug: Strafpunkte für Verreiten und Auslassen gem. LPO:	
	Zu erreichende Punktzahl: 420	
	PRIX ST. JAMES, TEIL I Gesamtpunktzahl:	